Karl Grün

Der Geschäftsbrief

Gestaltung von Schriftstücken
nach DIN 5008, DIN 5009, DIN 676 u. a.

1. Auflage

Herausgeber:
DIN Deutsches Institut für Normung e.V.

Beuth Verlag GmbH · Berlin · Wien · Zürich

Die Deutsche Bibliothek – CIP-Einheitsaufnahme

Grün, Karl:
Der Geschäftsbrief: Gestaltung von Schriftstücken nach DIN 5008,
DIN 5009, DIN 676 u. a. / Karl Grün

Hrsg.: DIN, Deutsches Institut für Normung e.V.

1. Aufl.

Berlin ; Wien ; Zürich : Beuth, 1997
    ISBN 3-410-13879-X

Titelaufnahme nach RAK entspricht DIN V 1505-1.
ISBN nach DIN 2108.
Übernahme der CIP-Titelaufnahme auf Schrifttumskarten durch Kopieren
oder Nachdrucken frei.
128 Seiten, A5, brosch.

Umschlaggestaltung: Grafik-Design-Studio, Ingolf Neumann, Berlin
Printed in Germany. Druck: Oskar Zach GmbH & Co. KG, Berlin

Vorwort

Obwohl der erste Eindruck oft falsch sein mag, ist er doch der wichtigste. Denn er ist es, der am längsten in Erinnerung bleibt, und er prägt langfristig die Einstellung gegenüber einer Person oder einer Sache.

Das gilt ganz besonders für Schriftstücke und Briefe: Eine falsche Anrede, eine ungeschickte Aufmachung – und schon kann der Grundstein dafür gelegt sein, dass eine Geschäftsbeziehung – kaum dass sie angebahnt wird – auch schon wieder scheitert.

Nicht ohne Grund bezeichnet man den Geschäftsbrief und die dazugehörigen Schriftstücke als die „Visitenkarte" eines Unternehmens. Und das ist sie wohl auch. Grund genug also, auf ihre Gestaltung und ihre korrekte Aufmachung entsprechend Wert zu legen.

Aber wie? Was sollte man dabei beachten? Wo liegen die Fallstricke? Worauf kommt es an? Antwort auf diese Fragen gibt das vorliegende Buch. Es ist der Leitfaden für die richtige und allgemein akzeptierte Gestaltung von Schriftstücken – speziell für den Geschäftsbereich. Das Handbuch geht nicht nur auf die äußere Gestaltung (Layout) ein, sondern auch auf inhaltliche Elemente, wie etwa die richtige Schreibweise von Adresse, Datum oder Währungen und – besonders wichtig – die richtige Abkürzung von Titeln und die Gestaltung der Anrede.

Auch das Umfeld eines Geschäftsbriefs wird mit diesem Handbuch abgedeckt: Da viele Briefe über Diktiergerät oder Spracherkennungssysteme verfasst werden, wurden auch die entsprechenden Richtlinien für das Phonodiktat und die Korrekturzeichen aufgenommen. Werden sie beachtet, erspart man sich nicht nur überflüssige Rückfragen und mehrfache Korrekturen, sondern vereinfacht damit auch die Bürokommunikation.

Grundlage dieses Buches sind verschiedene vom Deutschen Institut für Normung herausgegebene Normen. Viele von ihnen gelten nicht nur in Deutschland, sondern werden europaweit und sogar weltweit angewendet. Internationale Empfehlungen sollen sicherstellen, dass die briefliche Kommunikation zwischen Geschäftspartnern in unterschiedlichen Ländern eindeutig und reibungslos funktioniert und nicht durch Missverständnisse und Formfehler getrübt wird.

Aus der Vielzahl von Normen wurden für dieses Buch bausteinartig jene Teile ausgewählt, die in der täglichen Korrespondenz am häufigsten benötigt werden. Es kann und soll somit nicht die diesbezüglichen Normen ersetzen, sondern einen Leitfaden für die Praxis bieten und in Zweifelsfällen rasch und übersichtlich Klarheit schaffen.

Selbstverständlich wird im vorliegenden Buch auf die elektronische Textverarbeitung im Schriftverkehr, wie sie inzwischen in fast allen Unternehmen und Dienststellen üblich ist, eingegangen. Damit wird eine moderne und zeitgemäße Umsetzung der vorhandenen Grundregeln, die zumeist noch aus dem „Maschinschreib-Zeitalter" stammen, gewährleistet. Deshalb wurde neben den Zeilenschaltungen auch das entsprechende Maß in typographischen Punkten (p) und neben den Tabulatorpositionen das entsprechende Maß in mm angegeben. Absätze, die sich speziell auf die elektronische Textverarbeitung beziehen, sind durch kursive Schrift hervorgehoben und sind meistens nicht in DIN 5008 geregelt.

Umfangreiche Beispiele erläutern zusätzlich den Text. Wird ein und derselbe Sachverhalt verschieden dargestellt, so bedeutet dies, dass es mehr als eine (normgerechte) Lösungsmöglichkeit gibt.

Nicht geregelt wird allerdings die „Sprache" bzw. Formulierung des Textes von Geschäftsbriefen. Dies ist nicht Aufgabe der Normung, sondern fällt in den Bereich der Unternehmenskultur, der Corporate Culture (CC) und des Corporate Behaviour (CB), die jedes Unternehmen für sich abklären muss.

Raum für Notizen am Ende jedes Abschnitts und ein umfangreiches Stichwortverzeichnis erleichtern den Umgang mit diesem Handbuch und machen es so zu einem wichtigen Instrument, das bei der Bewältigung des täglichen Schriftverkehrs hilfreich zur Seite steht.

Dipl.-Ing. Dr. Karl Grün

Inhaltsverzeichnis

3

1 Gestaltung von Schriftstücken

1.1 Schriftarten, -größen und -stile

Bei der Gestaltung von Schriftstücken ist auf gute Lesbarkeit sowie Kopierbarkeit, Mikroverfilmbarkeit oder die Möglichkeit der Übermittlung durch Telefax zu achten. Deswegen sind in fortlaufendem Text zu kleine Schriftgrößen (in der Regel 10 p $\approx$ 3,75 mm), ausgefallene Schriftarten (z. B. Schreibschrift) und Schriftstile (z. B. Kapitälchen) zu vermeiden.

Die maximale Schriftgröße in fortlaufendem Text sollte eine 12 p-Schrift sein, sofern nichts anderes angegeben wird.[1]*)*

1.2 Zeilenabstand

Es wird mit Zeilenabstand 1 (einzeilig) geschrieben. Schriftstücke besonderer Art (Berichte, Gutachten u. Ä.) dürfen mit größerem Zeilenabstand geschrieben werden.

Der Zeilenabstand (Abstand der Grundlinien, Zeilenschritt) sollte 130 % der Schrifthöhe nicht unterschreiten. So ist bei einer 10 p-Schrift ein Zeilenabstand von 13 p vorzusehen.

Bei manchen Textverarbeitungssystemen kann in der Formatvorlage neben dem Zeilenabstand innerhalb eines Absatzes auch der Abstand zum vorherigen und folgenden Absatz eingestellt werden. Abstände zwischen Absätzen sollten ungefähr den halben Zeilenabstand betragen. Bei einer 10 p-Schrift ist der Abstand zwischen einem Absatz und dem folgenden bzw. vorhergehenden somit 6 p.

1.3 Papierformate

Das für den täglichen Einsatz am häufigsten verwendete Format für Schreibpapiere ist A4. Durch Verdoppelung parallel zur Länge lässt sich dieses Format auf A3 vergrößern bzw. durch Halbierung parallel zur Breite auf A5 verkleinern. Die Formate für Schreibpapiere (A-Reihe) sind in DIN 476-1 festgelegt, siehe Tabelle 1.

Tabelle 1: Formate von Schreibpapier   Maßangaben in mm

Benennung	Anmerkung	Länge	Breite
A6	Postkarte	105[1)	148[1)
A5	halber Briefbogen	148[1)	210[2)
A4	Briefbogen	210[2)	297[2)
A3	doppelter Briefbogen	297[2)	420[2)
[1) Eine Abweichung von ± 1,5 mm ist zulässig.			
[2) Eine Abweichung von ± 2,0 mm ist zulässig.			

---

[1]) 1 typographischer Punkt (Didot-System) entspricht 0,376 mm (etwa $\frac{3}{8}$ mm).

1.4 Absenderangabe

Ist die Absenderangabe (Postanschrift des Absenders) in einem eventuell vorgedruckten Briefkopf nicht enthalten, so ist diese an geeigneter Stelle anzuführen.

Geeignete Stellen für die Eintragung der Absenderangabe sind:

a) im Briefkopf, siehe Bild 1, oder

b) bei Verwendung von Fensterbriefhüllen in der Zeile über dem Anschriftfeld, siehe Bild 2. Es wird empfohlen, dieses Feld gegenüber dem unmittelbar anschließenden Anschriftfeld durch eine feine Linie oder farblich abzugrenzen. Als Schriftgröße wird 6 p (2,25 mm) empfohlen.

Die Absenderangabe ist wie die Empfängeranschrift, siehe 1.5, zu schreiben, jedoch ohne „Herrn", „Frau" und dergleichen. Sie kann bei Bedarf auch die Berufsbezeichnung und weitere Angaben enthalten.

Bild 1: Absenderangabe im Briefkopf gemäß DIN 5008

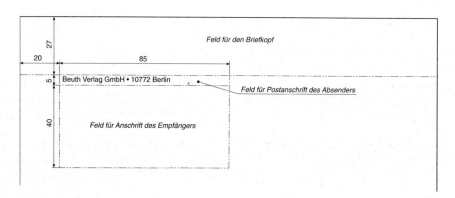

Bild 2a: Absenderangabe als Zeile über dem Anschriftfeld für Vordrucke der Form A gemäß DIN 676

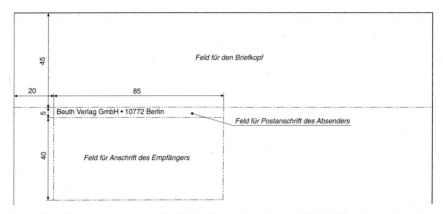

Bild 2b: Absenderangabe als Zeile über dem Anschriftfeld für Vordrucke der Form B gemäß DIN 676

1.5 Anschriftfeld

Anschriften werden im Anschriftfeld aller Schriftstücke (siehe Feld für Anschrift des Empfängers in Bild 2) und auf Briefhüllen in gleicher Anordnung geschrieben. Satzzeichen innerhalb einer Anschriftzeile werden geschrieben, jedoch nicht am Zeilenende. Ortsnamen sind nicht gesperrt (z. B. H a m b u r g) oder fett zu schreiben und nicht zu unterstreichen.

Im Anschriftfeld sind außer der Anschrift des Empfängers auch weitere Bestandteile der postalischen Aufschrift zu vermerken.

1.5.1 Inlandsanschriften

Zur postalischen Aufschrift gehören

– die Bezeichnung der Sendungsart, z. B. W a r e n s e n d u n g
– die Vermerke der Besonderen Versendungsformen, z. B. E i n s c h r e i b e n , E i n s c h r e i b e n – R ü c k s c h e i n , F l u g p o s t – E i n s c h r e i b e n , E i l z u s t e l l u n g
– die Vorausverfügung, z. B. N i c h t n a c h s e n d e n
– die Anschrift

In das Anschriftfeld können auch Ordnungsbezeichnungen des Absenders aufgenommen werden.

1 Nicht nachsenden	Vorausverfügung
2	
3 0 29 64/75	
4 Herrn	Ordnungsbezeichnung des Absenders
5 Dipl.-Ldw. Otto Winter	Empfängerbezeichnung
6 Hauptstraße 3	Straße und Hausnummer
7	
8 83364 Neukirchen	Postleitzahl und Bestimmungsort
9	

Die Angaben im Anschriftfeld werden auf folgende Weise gegliedert, wobei Punkte Leerzeilen bedeuten:

a) Sendungsart, Besondere Versendungsform, Vorausverfügung

•

b) Empfängerbezeichnung

c) Postfach mit Nummer (Abholangabe) oder
Straße und Hausnummer (Zustellangabe)

•

d) Postleitzahl und Bestimmungsort

•

Die Postfachnummer wird von rechts beginnend zweistellig gegliedert, z. B.
1 23, 30 14, 42 31 86.

Die Postleitzahl wird fünfstellig ohne Leerzeichen geschrieben.

Im Hinblick auf ISO 11180 und die Vereinheitlichung der Adressdateien wird empfohlen, die Anschrift des Empfängers auf 6 Zeilen zu beschränken.

Bei Großempfängeranschriften sollten weder Postfach noch Straße und Hausnummer angegeben werden.

1 Einschreiben	Vermerk der Besonderen Versendungsform
2	
3 Amtsgericht	
4 Grundbuchamt	Empfängerbezeichnung
5	
6 01067 Dresden	Postleitzahl und Bestimmungsort
7	
8	
9	

Ortsteilnamen dürfen in einer besonderen Zeile oberhalb der Zustell- oder Abholangabe ohne Postleitzahl vermerkt werden, nicht aber als Zusatz zum Bestimmungsort.

1	
2	
3 Firma	
4 Otto Pfleiderer	Empfängerbezeichnung
5 Braunenweiler	Ortsteilname
6 Hauptstraße 5	Straße und Hausnummer
7	
8 88348 Saulgau	Postleitzahl und Bestimmungsort
9	

Bei der Zustellangabe können zusätzlich der Gebäudeteil, das Stockwerk oder die Wohnungsnummer, abgetrennt durch zwei Schrägstriche, angegeben werden.

1 Einschreiben - Rücksendung	Vermerk der Besonderen Versendungsform
2	
3 Herrn Rechtsanwalt	
4 Dr. Otto Freiherr von Berg	Empfängerbezeichnung
5 Parkweg 22 // W 54	Straße, Hausnummer und Wohnungsnummer
6	
7 12683 Berlin	Postleitzahl und Bestimmungsort
8	
9	

1.5.2 Auslandsanschriften

Auslandsanschriften müssen in lateinischer Schrift und arabischen Ziffern, Bestimmungsort und Bestimmungsland mit Großbuchstaben geschrieben werden. Die Anordnung der Bestandteile der Anschrift sowie deren Schreibweise sind – wenn möglich – der Absenderangabe des Partners zu entnehmen.

Der Bestimmungsort ist nach Möglichkeit in der Sprache des Bestimmungslandes anzugeben, z. B. BRUXELLES statt Brüssel, LIEGE statt Lüttich, FIRENZE statt Florenz, BUCURESTI statt Bukarest oder THESSALONIKI statt Saloniki.

Die Angabe des Bestimmungslandes steht in deutscher Sprache in der letzten Zeile der Anschrift. Im Verkehr mit bestimmten Ländern kann auf die Angabe des Bestimmungslandes verzichtet werden, wenn das Länderkennzeichen (siehe Tabelle B.2) der Postleitzahl – durch einen Mittestrich von dieser getrennt – vorangesetzt wird. Die Übersicht der in Betracht kommenden Länder ist bei der Post erhältlich.

1	1
2	2
3 Mevrouw J. de Vries	3 Monsieur P. Dubois
4 Poste restante A. Cuypstraat	4 Expert en assurances
5 Postbus 99730	5 Escalier 3, bâtiment C
6 1000 NA AMSTERDAM	6 4 rue Jean Jaurès
7 NIEDERLANDE	7 F-58500 CLAMECY
8	8
9	9

1	1
2	2
3 Mabutt & Sons	3 National Electrical
4 Timber and Hardwood Agents	4 Manufacturers Association
5 269, Kingsland Road	5 1300 North 17th Street
6 LONDON, E2 8AS	6 ROSSLYN, VA 22209
7 GROSSBRITANNIEN	7 USA
8	8
9	9

1.5.3 Unterstreichungen

Die Angaben für Sendungsart, Besondere Versendungsform und Vorausverfügung werden unterstrichen, wenn sie wegen Platzmangels nicht durch eine Leerzeile abgesetzt werden können.

1 Nicht nachsenden	
2 Einschreiben – Rückschein	Vorausverfügung,
3 W 2574671/cq/rp 84/734 m	Vermerk der Besonderen Versendungsform
4 1234, 19; 1927, uk	Ordnungsbezeichnung des Absenders
5 Frau Erika Weber	Empfängerbezeichnung
6 Bahnhofstraße 4	Straße und Hausnummer
7	
8 95444 Bayreuth	Postleitzahl und Bestimmungsort
9	

1.5.4 Empfängerbezeichnungen

Empfängerbezeichnungen werden sinngemäß in Zeilen aufgeteilt.

Berufs- und Amtsbezeichnungen werden in der Regel neben „Frau" oder „Herr" geschrieben.

Abgeordneter zum Bundestag	Medizinalrat
Bundesminister	Ministerialrat
Bundespräsident	Oberlandesgerichtsrat
Bürgermeister	Primarius
Direktor	Professor
Dozent	Präsident
Gemeinderat	Regierungsrat
Generaldirektor	Sektionschef
Landesrat	Staatssekretär
Magistratsdirektor	Vorstandsvorsitzender

Akademische Grade (z. B. Dipl.-Ing.) stehen vor dem Namen.

1	1 Einschreiben
2	2
3 Herrn Direktor	3 Herrn Rechtsanwalt
4 Dipl.-Kfm. Kurt Gräser	4 Dr. Max von Greifenstein
5 Massivbau AG	5 Friedrich-Ebert-Anlage 49
6 Postfach 10 11 81	6
7	7 60327 Frankfurt
8 42011 Wuppertal	8
9	9

Bei Untermietern muss der Name des Wohnungsinhabers unter den Namen des Empfängers mit dem Zusatz „bei" geschrieben werden.

1	
2	
3 Frau Gertraude Haasse	Name des Empfängers
4 bei Walter Müller	Name des Wohnungsinhabers
5 Hauptstraße 10	Straße und Hausnummer
6	
7 88348 Saulgau	Postleitzahl und Bestimmungsort
8	
9	

In Firmenanschriften wird das Wort „Firma" weggelassen, wenn aus der Empfängerbezeichnung erkennbar ist, dass es sich nicht um eine natürliche Person handelt.

1	1
2	2
3 Wäschegroßhandel	3 Lehmann & Krause KG
4 Robert Bergmann	4 Herrn E. Winkelmann
5 Venloer Straße 80 - 82	5 Johannisberger Str. 5 a
6	6
7 50672 Köln	7 14197 Berlin
8	8
9	9

1
2
3 Lack- und Farbwerke
4 Dr. Hans Sendler & Co.
5 Abt. DMF 412/16
6 Postfach 90 08 80
7
8 60448 Frankfurt
9

1.5.5 Weitere Musteranschriften

1	1
2	2
3 Frau	3 Frau Luise Weber
4 Annemarie Hartmann	4 Herrn Max Lieber
5 Vogelsangstr. 17	5 Rosenstraße 35
6	6
7 27755 Delmenhorst	7 71034 Böblingen
8	8
9	9

1 Warensendung	1 Eilzustellung
2	2
3 Eheleute	3 Sonnenhotels Garmisch GmbH
4 Erika und Hans Müller	4 Frau Schmidt
5 Hochstraße 4	5 Sonnenstraße 1
6	6
7 59192 Bergkamen	7 82467 Garmisch-Partenkirchen
8	8
9	9
1	1
2	2
3 Der Landesbeauftragte	3 Nassauische Heimstätte GmbH
4 für den Datenschutz	4 Abt. Landestreuhandstelle
5 Brandenburg	5 Postfach 29 81
6 Stahnsdorfer Damm 77	6
7	7 65019 Wiesbaden
8 14532 Kleinmachnow	8
9	9

1.6 Bezugszeichen

1.6.1 Vorgedruckte Bezugszeichenzeile

Die Leitwörter „Ihr Zeichen, Ihre Nachricht vom" (oder „Ihr Zeichen, Datum" oder „Ihr Zeichen, vom" u. a.), „Unser Zeichen, unsere Nachricht vom", „Telefon, Name" und „Datum" sind ungekürzt und in der angegebenen Reihenfolge so zu setzen, dass ihre Oberkante mindestens 8,5 mm (*etwa 23 p*) unterhalb des Anschriftfeldes steht und die zugehörigen Angaben schreibzeilengerecht darunter geschrieben werden können.

Nicht benötigte Leitwörter können entfallen.

Das Leitwort „Ihr Zeichen, Ihre Nachricht vom" ist 24 mm (*64 p*) von der linken Blattkante einzudrucken; die nachfolgenden Leitwörter folgen im Allgemeinen im Raster von 50,8 mm (2-mal 10er Tab bzw. *135 p*).

Statt des Leitwortes „Telefon" kann ein Symbol verwendet werden.

Als Mindest-Schriftgrad für Leitwörter wird 6 p empfohlen.

Bezugszeichen, Name, Durchwahlmöglichkeiten und Datum (Ausfertigungsdatum des Briefes) werden eine Zeile unter die vorgedruckten Leitwörter der Bezugszeichenzeile geschrieben, falls erforderlich in zwei Zeilen. Das erste Schriftzeichen für die zugehörige Angabe steht unter dem Anfangsbuchstaben des jeweils ersten Leitwortes.

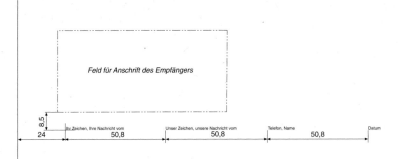

Feld für Anschrift des Empfängers

8,5
24   Ihr Zeichen, Ihre Nachricht vom   Unser Zeichen, unsere Nachricht vom   Telefon, Name   Datum
      50,8   50,8   50,8

Bild 3: Position der Leitwörter in einer Bezugszeichenzeile

Ihr Zeichen, Ihre Nachricht vom   Unser Zeichen, unsere Nachricht vom   Telefon, Name   Datum
                                                                          (02 01) 1 44-
s-a 1997-01-16   re-pl 1997-01-20   12 34   1997-01-21
                                                                          Frau Regensburg

Ihr Zeichen, Ihre Nachricht vom   Unser Zeichen, unsere Nachricht vom   Telefon, Name   Datum
                                                                          (02 21) 1 73-
                                   gh-el   2 50 Herr Gerhard   97-01-17

Ihr Zeichen   Unser Zeichen   Tel., Name   Datum
                                   fr-ba   22 45-38 Franke   97-01-21

Bild 4: Beispiele für Bezugszeichenzeilen

1.6.2 Kommunikationszeile

Sind neben dem „Telefon" (Tel.) weitere direkte Kommunikationsmöglichkeiten vorhanden, werden diese Angaben in der Kommunikationszeile zusammengefasst. Die Leitwörter „Telefax" (Fax), „Telex" (Tx), „Bildschirmtext" (Datex-J), „Telebox" und „E-mail" der Kommunikationszeile sind so rechts neben dem Anschriftfeld zu setzen, dass die zugehörigen Angaben schreibzeilengerecht in Höhe der letzten Zeile des Anschriftfeldes geschrieben werden können. Die Kommunikationszeile beginnt 125,7 mm (50er Tab) von der linken Blattkante.

Nicht benötigte Leitwörter können entfallen.

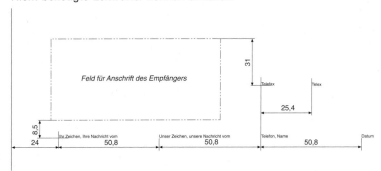

Feld für Anschrift des Empfängers
31
Telefax   Telex
25,4
8,5
24   Ihr Zeichen, Ihre Nachricht vom   Unser Zeichen, unsere Nachricht vom   Telefon, Name   Datum
      50,8   50,8   50,8

Bild 5: Position der Leitwörter in einer Kommunikationszeile

13

1.6.3 Informationsblock

Wenn die Leitwörter im Briefvordruck nicht vorgedruckt sind, Bezugszeichen aber dennoch angegeben werden sollen, so können diese Angaben alternativ in einem Informationsblock rechts neben dem Feld für die Anschrift des Empfängers geschrieben werden. Bei den Leitwörtern „Ihr Zeichen", „Ihre Nachricht vom", „Unser Zeichen", „Unsere Nachricht vom", „Name", „Telefon", „Telefax", „Telex", „T-Online", „Telebox" und „Datum" ist die angegebene Reihenfolge einzuhalten. Zwischen den Bezugszeichen und dem Leitwort „Name" sowie den Durchwahlmöglichkeiten und dem Leitwort „Datum" ist je eine Leerzeile vorgesehen.

Der Informationsblock beginnt in der ersten Zeile des Anschriftfeldes 125,7 mm (50er Tab) von der linken Blattkante.

```
 1  Ihr Zeichen: mü-h
 2  Ihre Nachricht vom: 1996-09-06
 3  Unser Zeichen: fi-ji
 4  Unsere Nachricht vom: 1996-09-02
 5
 6  Name: Frau Weber
 7  Telefon: (02 21) 1 79-42 40
 8  Telefax: (02 21) 1 79-42 44
 9
10  Datum: 1996-09-10
```

1.7 Betreffangabe

Die Betreffangabe ist eine stichwortartige Inhaltsangabe, welche sich im Gegensatz zum Teilbetreff auf den ganzen Brief bezieht.

Der Wortlaut des Betreffs ist nach zwei Leerzeilen (*260 % des Schriftgrades*) nach den Bezugszeichen oder dem Informationsblock zu schreiben. Er wird ohne Schlusspunkt geschrieben und beginnt an der Fluchtlinie (24,1 mm von der linken Blattkante). Bei längerem Text kann der Betreff sinngemäß auf mehrere Zeilen verteilt werden. Die Betreffangabe kann hervorgehoben werden.

Nach dem Wortlaut des Betreffs sind zwei Leerzeilen vorzusehen (*Abstand zum nächsten Absatz 260 % des Schriftgrades*).

Unser Angebot an Hard- und Software

Darlehensverwaltung und -einzug nach dem Bundesausbildungsförderungsgesetz (BAföG)
Freistellung von der Rückzahlungsverpflichtung nach § 18 a BAföG

1.8 Anrede

Die Anrede beginnt an der Fluchtlinie (24,1 mm von der linken Blattkante). Ist der Empfänger namentlich bekannt, sollte die Anrede aus Gründen der Höflichkeit Titel und Namen enthalten. Die Anrede schließt mit Komma.

Bei Schreiben an Behörden und Ämter kann man Anreden wie „Sehr geehrte Damen und Herren" verwenden. Wenn ein bestimmter Herr oder eine bestimmte Frau in der Anschrift genannt wird, sollte die Anrede mit dem Amtstitel erfolgen.

Ist der Empfänger weiblichen Geschlechts, so ist in der Anrede nach Verwendung von „Frau" nur dort die weibliche Form des Titels, des Grades oder der Funktionsbezeichnung zu schreiben, wo diese auch allgemein anerkannt ist.

Bezieht sich die Anrede auf eine Personengruppe, so stehen mehrere Möglichkeiten zur Verfügung:

a) „Sehr geehrte Kolleginnen und Kollegen,"

b) „Sehr geehrte Frau Kollegin,

 sehr geehrter Herr Kollege,"

1.9 Text

Der Zeilenanfang wird durch die Fluchtlinie festgelegt, die 24,1 mm von der linken Blattkante parallel zu dieser verläuft (Raum für Lochung). Zwischen Zeilenende und rechter Blattkante sollte ein Mindestabstand von 8,1 mm eingehalten werden.

Bei zweiseitiger Beschriftung sollte das Zeilenende auf der Rückseite bei 24,1 mm, gemessen von der rechten (inneren) Blattkante, enden. Der Zeilenanfang soll in diesem Fall bei mindestens 8,1 mm, von der linken (äußeren) Blattkante gemessen, liegen.

Die Beschriftung beginnt nach mindestens fünf Leerzeilen vom oberen Blattrand (mindestens 30 mm, 80 p) und endet mindestens vier Leerzeilen vor dem unteren Blattrand (mindestens 30 mm, 80 p).

Hat das Fortsetzungsblatt am Blattbeginn und/oder am Blattende einen Vordruck, so sind die Grenzen des Textfeldes entsprechend zu reduzieren.

Für die Gestaltung der Textelemente siehe Abschnitt 2.

1.10 Seitennummerierung

Die Seiten eines Briefes sind von der zweiten Seite an oben fortlaufend zu nummerieren.

Auf Blättern ohne Aufdruck sollte die Seitennummerierung (Paginierung), üblicherweise aus Mittestrich, Leerzeichen, Seitennummer (Pagina), Leerzeichen und Mittestrich bestehend, auf der fünften Zeile bei 100,3 mm von der linken Blattkante bzw. Grad 40 (48) beginnen oder zentriert sein.

Bei Textverarbeitungssystemen ist es zulässig, die Seiten mit „Seite ... von ..." zu kennzeichnen, beginnend bei Seite 1, und diese Kennzeichnung bevorzugt am rechten Rand enden zu lassen. Dann entfällt der Hinweis auf Folgeseiten (siehe 3.1.8).

– 2 –
Seite 2 von 5

Seitenkennzeichnung und Text werden durch mindestens eine Leerzeile getrennt.

Bei einseitiger Beschriftung steht die Seitennummer vorzugsweise rechts, bei zweiseitiger Beschriftung entweder in der Seitenmitte oder rechts bei den ungeraden und links bei den geraden Seiten.

1.11 Unterschriftenblock

Der Unterschriftenblock enthält

– Grußformel (z. B. „Mit freundlichen Grüßen", „Mit freundlichem Gruß", „Freundliche Grüße", „Mit besten Grüßen" oder „Hochachtungsvoll")
– gegebenenfalls Firmenwortlaut, Dienststelle u. dgl.
– Funktionsbezeichnung
– handschriftliche Unterschrift(en)
– gegebenenfalls maschinenschriftliche Angaben zum (zu den) Unterzeichnenden

Der Gruß wird vom Text durch eine Leerzeile abgesetzt (*Abstand zum vorherigen
Absatz 65 % des Schriftgrades*) und beginnt 24,1 mm von der linken Blattkante.

Wird ein Firmenwortlaut (Bezeichnung der Firma, Behörde usw.) geschrieben, so
beginnt dieser zwei Zeilenschaltungen unter der Grußformel (*Abstand zum vorherigen Absatz 65 % des Schriftgrades*).

Die maschinenschriftliche Namenswiedergabe des Unterzeichners sollte innerbe-
trieblich geregelt werden. Die Zahl der Leerzeilen vor maschinenschriftlichen Angaben von Namen bzw. Funktionsbezeichnungen richtet sich nach der Notwendig-
keit.

1 Mit freundlichen Grüßen	1 Freundliche Grüße
2	2
3 Service-Büro Abc-AG	3 Bürosysteme
4	4 Schmidt & Co. OHG
5	5
6	6 i. V.
7 Eva Regensburg	7
	8 Helga Schulze

1 Mit freundlichen Grüßen	1 Mit besten Grüßen
2	2
3 Autohaus	3 im Auftrag
4 Schneider & Söhne KG	4
5	5
6	6
7	7 Meier
8 Stefanie Franke	

Wird ein Schriftstückes von zwei Personen unterschrieben, ist der Name der rang-
höheren Person vor jenen der rangniedrigeren zu setzen.

1 Freundliche Grüße	
2	
3 PC-Beratungscenter	Bergmann
4	
5 ppa. i. V.	
6	
7	
8 Klaus Fischer	Karla Krüger

1.12 Anlagenvermerk

Das Wort „Anlage(n)" kann hervorgehoben werden.

Der Mindestabstand des Anlagenvermerks vom Gruß oder von der Firmenbezeichnung sollte drei Leerzeilen betragen. Bei maschinenschriftlicher Angabe der Unterzeichner folgt der Anlagenvermerk nach einer Leerzeile. Falls mit dem Anlagenvermerk bei 125,7 mm von der linken Blattkante oder auf Grad 50 bzw. 60 begonnen wird, ist dieser mit einer Leerzeile Abstand vom Text zu schreiben.

Anlagen	Anlagen
1 Prospekt	2 Rechnungskopien
1 Faltblatt	1 Kontoauszug
	1 Zahlkarte
Anlagen	Anlagen
1 Lichtbild	4 Berichte
1 tabellarischer Lebenslauf	
4 Zeugniskopien	

1.13 Verteilervermerk

Das Wort „Verteiler" kann hervorgehoben werden.

Für den Abstand des Verteilervermerks von der vorhergehenden Beschriftung gelten die Angaben wie im Abschnitt 1.12. Der Verteilervermerk folgt dem Anlagenvermerk nach einer Leerzeile; sie darf bei Platzmangel entfallen (*Abstand zum vorherigen Absatz etwa 65 % des Schriftgrades*).

Verteiler	Verteiler
Frau Weiß, Vertrieb	Abt. Buchhaltung
Frankfurt	Zweigstelle München
	" Neuss
Anlagen	
Rechnungskopie	
Zahlkarte	
Verteiler	
Dr. Müller, Rechtsanwalt	

1.14 Besondere Elemente bei Briefvordrucken

Elemente eines Briefvordruckes, wie das Feld für den Briefkopf, für die Postanschrift des Absenders (siehe 1.4), für die Anschrift des Empfängers (siehe 1.5) oder die Bezugszeichenzeile (siehe 1.6.1), wurden in den vorangegangenen Abschnitten behandelt.

Die folgenden Abschnitte behandeln Elemente in einem Briefvordruck nach DIN 676, die durch Einsatz der Textverarbeitung auch für die systematisierte Erstellung von Geschäftsbriefen („Formatvorlagen") verwendet werden können.

1.14.1 Warnzeichen

Das Warnzeichen gibt an, dass bei einfachem Zeilenschritt noch neun Schreibzeilen verfügbar sind. Es besteht aus einer feinen kurzen Linie (4 mm bis 8 mm Linienlänge), die innerhalb des Heftrandes und mindestens 60 mm vom unteren Papierrand bzw. 40 mm oberhalb der ersten Zeile der Geschäftsangabe angeordnet ist.

1.14.2 Heftrand

Auf dem Heftrand von 20 mm Breite sollten zwei Faltmarken, das Warnzeichen und die Lochmarke eingedruckt werden.

Im unteren Teil des Heftrandes können Druckvermerke (Vordrucknummer, Auflagedatum u. dgl.) angebracht werden.

1.14.3 Loch- und Faltmarken

Loch- und Faltmarken bestehen aus feinen kurzen Linien (4 mm bis 8 mm Linienlänge) und stehen am linken Papierrand.

Die Lochmarke befindet sich in der Mitte der Längsseite des A4-Blattes (Abstand vom oberen Papierrand 148,5 mm).

Bei Vorlochung (siehe 1.14.4) kann die Lochmarke entfallen.

Die beiden Faltmarken haben, vom oberen Blattrand gemessen, folgende Abstände:

Vordruck Form A: 87 mm und 192 mm.

Vordruck Form B: 105 mm und 210 mm.

1.14.4 Vorlochung

Bei Vorlochung der Vordrucke sind die Maße nach DIN 821-2 zu beachten:
- Lochmittenabstand (80 ± 0,1) mm,
- Lochdurchmesser (5,5 ± 0,1) mm,
- Abstand der Lochmitte vom linken Blattrand (11 ± 0,3) mm.

1.14.5 Geschäftsangaben

Die Angaben über Geschäftsräume, die Nummern der Hauptanschlüsse aller Kommunikationsmittel (z. B. Telefon, Telefax, Datex-J) und die Kontoverbindungen (Geldinstitut, Bankleitzahl, Kontonummer) stehen im Allgemeinen am Fuß des Vordrucks.

Sofern die Postanschrift des Absenders nicht in dem dafür vorgesehenen Feld erscheint, ist sie den Angabe über die Geschäftsräume voranzustellen.

Bei Kapitalgesellschaften sind die Angaben über
- die Rechtsform und den Sitz der Gesellschaft,
- das Registergericht des Sitzes der Gesellschaft und die Nummer, unter der die Gesellschaft in das Handelsregister eingetragen ist,
- den Namen des Vorsitzenden des Aufsichtsrates (sofern die Gesellschaft nach gesetzlicher Vorschrift einen Aufsichtsrat zu bilden hat),

- die Namen des Vorsitzenden und aller Mitglieder des Vorstandes (bei Gesellschaften mit beschränkter Haftung die Namen aller Geschäftsführer),

am Fuß des Vordrucks aufzuführen.

Die Rechtsform der Gesellschaft kann auch im Briefkopf als Bestandteil der Firma angegeben werden.

In den Bildern 6 und 7 sind die Positionen und Bezeichnungen der Elemente eines Briefvordruckes aus den vorherigen Unterabschnitten zusammengefasst dargestellt.

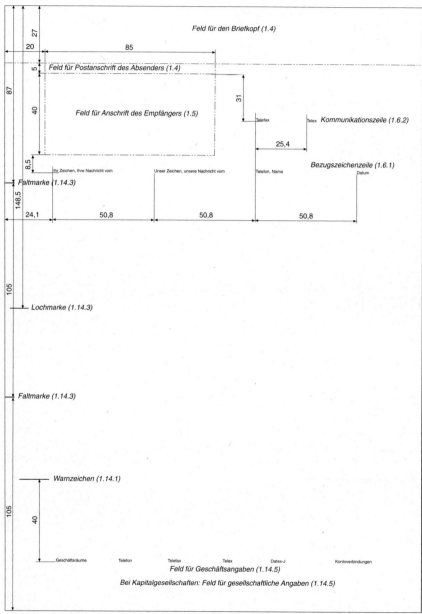

Bild 6: Position und Bezeichnung der Elemente eines Briefvordruckes Form A nach DIN 676 mit Verweis auf die entsprechenden Abschnittsnummern, alle Maße in mm

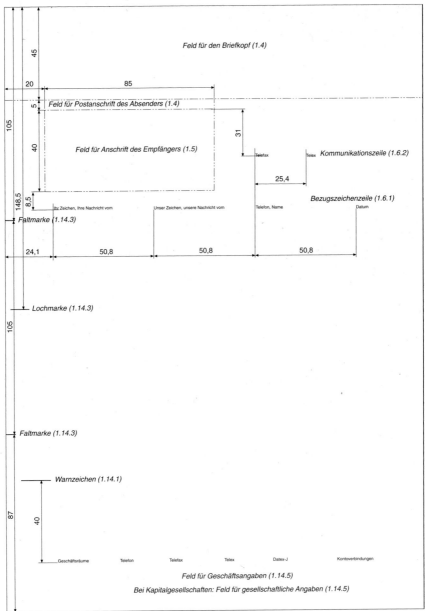

Bild 7: Position und Bezeichnung der Elemente eines Briefvordruckes Form B nach DIN 676 mit Verweis auf die entsprechenden Abschnittsnummern, alle Maße in mm

1.15 Ausführungsbeispiele

1.15.1 Geschäftsbrief mit Vordruck

Feld für Briefkopf (Vordruck Form A nach DIN 676)

Feld für Postanschrift des Absenders

Eilzustellung

Sonnenhotels Garmisch GmbH
Frau Schmidt
Sonnenstraße 1

82467 Garmisch-Partenkirchen

Ihr Zeichen, Ihre Nachricht vom	Unser Zeichen, unsere Nachricht vom	Telefon, Name (02 01) 1 44-	Datum
s-a 1997-01-22	re-pl 1997-02-03	12 34 Frau Regensburg	1997-02-10

Hotelbuchung

Sehr geehrte Frau Schmidt,

vielen Dank für das umfangreiche Prospektmaterial. Wir haben uns nun entschlossen, folgendes Hotel zu buchen

      Hotel Sonnenblick
      für die Zeit vom 4. bis zum 8. Juli 1997

Bitte reservieren Sie 10 Einzelzimmer zum Preis von 150 DM je Übernachtung, und bestätigen Sie uns die Reservierung schriftlich. Die Kosten sind direkt mit uns abzurechnen.

Stellen Sie bitte sicher, dass wir in der gesamten Zeit über einen geeigneten Tagungsraum verfügen können. Für unsere Besprechungen benötigen wir außerdem einen Arbeitsprojektor und eine Flipchart.

Mit freundlichen Grüßen

Service-Büro Abc-AG

Eva Regensburg

Eva Regensburg

Feld für Geschäftsangaben
Bei Kapitalgesellschaften: Feld für gesellschaftsrechtliche Angaben

Bild 8: Anwendungsbeispiel, Vordruck Form A gemäß DIN 676

Hansmann & Söhne KG
Frau Eva Neumann
Postfach 83 14 65

65915 Frankfurt

	Telefax (02 21) 1 73-	Telex 88 11-0 ha d
		2 50

Ihr Zeichen, Ihre Nachricht vom	Unser Zeichen, unsere Nachricht vom	Telefon, Name (02 21) 1 73-	Datum
	gh-el	2 45 Herr Gerhard	1997-02-10

Unser Angebot an Hard- und Software

Sehr geehrte Frau Neumann,

heute informieren wir Sie über unsere neuen Hard- und Softwareprodukte.

In unserHardwareangebot haben wir leistungsfähige Arbeitsplatzcomputer mit einem Hauptspeicher von 16 MB und einer Festplatte von 850 MB aufgenommen. Der beigefügte Prospekt gib Ihnen einen Überblick über unsere neuen Computer.

Richten Sie Ihre besondere Aufmerksamkeit aber auf unsere Softwarepalette. Die Version 7.2 des

Textverarbeitungsprogramms TEXT 2000

ermöglicht das automatische Korrigieren von Eingabefehlern. Wenn Sie z. B. den Satzanfang mit einem Kleinbuchstaben beginnen, korrigiert das Programm diesen Fehler. Der erste Buchstabe des Satzes erscheint dann groß. Gegenüber der Version 7.1 sind viele Funktionen anwenderfreundlicher geworden. Das beiliegende Faltblatt informiert Sie über diese Software.

Wir führen Ihnen unsere neuen Computer und Programmversionen gern einmal vor. Vereinbaren Sie doch mit uns einen Termin.

Freundliche Grüße

Bürosysteme
Schmidt & Co. OHG

i. V. *Helga Schulze*

Helga Schulze

Anlage
1 Prospekt
1 Faltblatt

Verteiler
Herrn Weiß, Vertrieb Frankfurt

Bild 9: Anwendungsbeispiel, Vordruck Form B gemäß DIN 676 mit Kommunikationszeile, Anlagen- und Verteilervermerk

·

Herrn Rechtsanwalt
Dr. Peter Raschke
Mauritiusstraße 32
·
44789 Bochum
·
·

Ihre Nachricht	Unser Zeichen	Tel., Name	Datum
	bb-gk	12 78-20 Herr Bischofsberger	97-03-21

·

Einladung zum Workshop "Finanzrechtlicher Status von EDIFACT"

·
·

Sehr geehrter Herr Dr. Raschke,

·

als Mitarbeiter im Arbeitskreis "Rechtsformen von virtuellen Firmen" der juristischen Fakultät der Universität Bochum möchte ich Sie auf unseren Workshop aufmerksam machen, welcher sich mit den finanzrechtlichen Auswirkungen des elektronischen Datenaustauschs in den Bereichen Finanz, Verwaltung, Handel und Transport — EDIFACT — beschäftigt.

·

Der Workshop findet

·

am Montag, 5. Mai 1997, 10:00 bis 18:00 Uhr, im Haus der Wirtschaft

·

statt. Als Leiter des Workshops konnten wir den hochrangigen Finanzrechtsexperten Dr. Julius von Bartenstein gewinnen.

·

Weitere Informationen können Sie auf unserer Homepage im World-Wide-Web abfragen:

·

http://www.DataSoft.de/WShp_EDI

Ich würde mich freuen, wenn ich Sie bei dem Workshop begrüßen könnte.

·

Mit besten Grüßen

·

DataSoft GmbH

Hans Joachim Boschofsberger

Bild 10: Anwendungsbeispiel, Vordruck Form B gemäß DIN 676 ohne vorgedruckte Bezugszeichenzeile

-
-
Herrn
Maximilian Weber
Mark-Twain-Straße 11
-
12627 Berlin

Telefax
(02 21) 4 56-
-
47 00

Ihr Zeichen, Ihre Nachricht vom	Mein Zeichen, meine Nachricht vom	Telefon, Name (02 21) 4 56-	Datum
1997-03-24	IV 3 - 24 97	47 11 Frau Meier	1997-03-27

-

Darlehensverwaltung und -einzahlung nach dem Bundesausbildungsförderungsgesetz (BAföG)
Freistellung von der Rückzahlungsverpflichtung nach § 18 a BAföG

-

Sehr geehrter Herr Weber,

-

Sie können von der Rückzahlungsverpflichtung freigestellt werden, wenn Ihr Nettoeinkommen eine bestimmte Höchstgrenze (Freibetrag) nicht übersteigt. Falls Sie verheiratet sind und Kinder haben, werden folgende Freibeträge berücksichtigt, und zwar

-

Ihr Freibetrag	1.310,00 DM
Freibetrag Ihrer Ehefrau	590,00 DM
Freibetrag für jedes Kind	
— vor Vollendung des 15. Lebensjahres	455,00 DM
— nach Vollendung des 15. Lebensjahres	590,00 DM

-

Wenn Ihre Ehefrau oder die Kinder eigenes Einkommen erzielen, werden die Freibeträge um dieses Einkommen gemindert. Sollten Sie behindert sein, erhöht sich der Freibetrag um die behinderungsbedingten Aufwendungen, die steuerlich nach § 33 b des Einkommensteuergesetzes berücksichtigt werden. Die Erhöhung des Freibetrages müssen Sie beantragen.

-

Überschreitet Ihr Nettoeinkommen den Freibetrag um weniger als die Höhe der Rückzahlungsrate, kann ich Ihnen eine Rückzahlung mit verminderten Raten gewähren. Die Rate wird dann auf den Betrag festgesetzt, um den Ihr Nettoeinkommen den Freibetrag übersteigt (verdienen Sie z. B. als alleinstehender Darlehensnehmer 1.410,00 DM, würde Ihr monatliche Rückzahlungsrate auf 100,00 DM festgesetzt). Dies ist die einzige im Gesetz vorgesehene Möglichkeit, die Ratenhöhe zu vermindern.

Wenn Sie die dargestellten Möglichkeiten nutzen möchten, stellen Sie bitte einen Antrag auf Freistellung. Sie erhalten dann ein Schreiben, mit dem ich Sie bitte, die für die Entscheidung erforderlichen Unterlagen vorzulegen. Anhand Ihrer Unterlagen kann ich prüfen, ob die Voraussetzungen für eine Freistellung vorliegen. Dies ist vom Gesetz vorgesehen. Liegen die Voraussetzungen vor, kann ich Sie von dem Monat an freistellen, in dem Ihr Antrag hier einging. Sofern vor Antragstellung bereits (Teil-)Raten fällig geworden sind, kann ich Sie auch, für höchstens vier Monate vor Antragstellung, von der Rückzahlungsverpflichtung freistellen. Eine weitere Rückwirkung sieht das Gesetz nicht vor.

-

Mit freundlichen Grüßen

-
im Auftrag

-
- *Meier*
-
Meier

Hinweis:
"Im Auftrag" als Zusatz zur Unterschrift hat in der
öffentlichen Verwaltung eine andere rechtliche
Bedeutung als im kaufmännischen Schriftverkehr.
Die Verwendung der kaufmännischen Abkürzung
"i. A." ist hier nicht üblich.

Bild 11: Anwendungsbeispiel, Vordruck Form A gemäß DIN 676 mit Kommunikationszeile

Feld für Briefkopf (Vordruck Form B nach DIN 676)

•
•

Franz Berger OHG
Spielwarengroßhandel
z. H. Herrn Peter Pratzl
Siezenheimer Straße 9-11
A-5020 SALZBURG

	Telefax	T-Online
	(02 34) 3 75 40-	0234 14 57 81-1
	40	

Ihr Zeichen, Ihre Nachricht vom	Unser Zeichen, unsere Nachricht vom	Telefon, Name (02 34) 3 75 40-	Datum
pp 1997-04-07	sk sg 1997-03-10	38 Frau Schmiedeknecht	1997-04-25

Preisliste; Ihre Anfrage (Telefax) vom 7. April 1997

Sehr geehrter Herr Pratzl,

die Firma "Spielzeugland" fertigt seit 150 Jahren hoch qualitative Holzspielsachen. Ich freue mich, dass auch Ihr Unternehmen an unseren Produkten interessiert ist.

Neben der Preisliste Winter 97/98 darf ich Sie auf folgende Produkte aufmerksam machen, welche für das diesjährige Weihnachtsprogramm gestaltet worden sind:

Marionette	"Pino"	Nr. 97101	DEM	8.000,--/1000 Stück
"	"Elisabeth"	Nr. 97102	DEM	10.400,--/1000 Stück
Schaukelpferd	"Lisi"	Nr. 97510	DEM	12.000,--/1000 Stück
Eisenbahn	"Toni"	Nr. 97880	DEM	15.000,--/1000 Stück

Die Preise verstehen sich ohne Mehrwertsteuer. Die Lieferzeit beträgt 7 Tage nach Eingang Ihrer Bestellung. Sollten Sie weitere Fragen haben, so wenden Sie sich bitte direkt an unsere Produktmanagerin, Frau Gabrielle Sonnleitner.

Freundliche Grüße

Spielzeugfabrik
Spielzeugland GmbH & Co. KG

ppa.

Karin Schmiedeknecht   Gabrielle Sonnleitner
Leiterin des Verkaufs   Produktmanagerin

Anlage

Bild 12: Anwendungsbeispiel, Vordruck Form B gemäß DIN 676 mit Auslandsanschrift und Kommunikationszeile

26

1.15.2 Geschäftsbrief ohne Vordruck

Kornelia Großmann
August-Bebel-Platz 15
99423 Weimar
Tel. (0 36 43) 2 45 59

1997-03-23

13. Zeile: 1. Zeile des Anschriftfeldes

EUROTEC AG
Personalabteilung
Frau Erika Kleine

99081 Erfurt

Bewerbung als Sachbearbeiterin für den Einkauf   *14. Zeile: Betreffangabe*

Sehr geehrte Frau Kleine,

in der NEUEN PRESSE las ich, dass Sie zum 15. April 1997 eine Sachbearbeiterin für den Einkauf einstellen wollen. Ich bewerbe mich bei Ihnen, weil mich die Arbeit im Einkauf sehr interessiert, und ich glaube, für diese Stelle alle erforderlichen Voraussetzungen mitzubringen.

Nach meiner Ausbildung als Industriekauffrau bei den Thüringischen Metallwerken in Jena wurde ich dort als Sachbearbeiterin im Einkauf, im Verkauf und in der Rechnungsabteilung eingesetzt. Durch meine Tätigkeit in verschiedenen betrieblichen Bereichen ist mir klar geworden, dass meine Fähigkeiten und Neigungen im Einkauf liegen.

Um mich fortzubilden, besuche ich seit 1. September 1996 bei der Industrie- und Handelskammer das berufsbegleitende Seminar "*Geprüfter Betriebswirt*", das Ende 1998 mit einer Prüfung abschließt. Die dort erworbenen Kenntnisse werden mir als Sachbearbeiterin im Einkauf nützlich sein.

Damit Sie sich einen Überblick über meine schulischen und beruflichen Werdegang verschaffen können, füge ich diesem Schreiben die gewünschten Unterlagen bei.

Über Ihre Einladung zu einem Vorstellungsgespräch würde ich mich freuen.

Freundliche Grüßen

Kornelia Großmann

Anlagen
1 Lichtbild
1 tabellarischer Lebenslauf
4 Zeugniskopien
1 Kopie des Prüfungszeugnisses

Bild 13: Anwendungsbeispiel, ohne Vordruck

1.15.3 Geschäftsbrief mit Vordruck und Fortsetzungsblatt

Feld für Briefkopf (Vordruck Form A nach DIN 676)

Feld für Postanschrift des Absenders

Industrie- und Handelskammer
Herrn Wolfgang Müller
Märkische Straße 120

44141 Dortmund

Ihr Zeichen: mü-h
Ihre Nachricht vom: 1997-01-20
Unser Zeichen: fi-ji
Unser Nachricht vom: 1997-01-13

Name: Frau Krüger
Telefon: (02 21) 1 79-42 40
Telefax: (02 21) 1 79-42 44

Datum: 1997-02-03

Umstellung der Textverarbeitung

Sehr geehrter Herr Müller,

wie von Ihnen in unserem Vorgespräch dargestellt, geht es um die „Modernisierung" der Textverarbeitung in Ihrem Haus an sieben Arbeitsplätzen. Es bestand Einigkeit darüber, dass ein vernetztes System mit Personalcomputern eingesetzt werden soll. Folgende Aufgaben sind bei dieser Umstellung zu lösen:

1. **Sichtung aller Dokumente.** Die Dokumente, die in dem System gespeichert werden sollen, werden uns auf Diskette zur Verfügung gestellt, in das Format der neuen Software übersetzt und in die neue Anlage eingespeichert.

2. **Entwicklung von Dokumentvorlagen.** Für die wichtigsten Anforderungen Ihres Schriftverkehrs werden auf der Basis der neuen Software Dokumentvorlagen entwickelt. In einem ersten Schritt sollen für Geschäftsbriefe, Protokolle, interne Schreiben, Telefaxe und Rechnungen Dokumentvorlagen aufgelegt werden. Wir werden bei diesen Vorlagen auf gute Bedienbarkeit und normgerechte Darstellung achten. Vor allem für externe Briefe bedeutet dies die Einhaltung der DIN 676 (Geschäftsbrief) und der DIN 5008 (Schreib- und Gestaltungsregeln für die Textverarbeitung).

3. **Anlieferung und Aufbau der Hardware, Installation der Software.** Bitte berücksichtigen Sie, dass allein für die Vernetzung der Geräte ein Zeitaufwand von zwei Tagen entsteht. Die Hard- und Softwarekonfiguration, die zum Einsatz kommen soll, entnehmen Sie bitte unserem beigefügten detaillierten Angebot.

4. **Zeitgerechte Mitarbeiterschulung.** Parallel zur Installation der Anlage soll ein dreitägiger Grundkurs zur Anwendung der Textverarbeitungssoftware stattfinden. Die spezifisch für Ihr Haus entwickelten Vorlagen werden dabei ebenfalls eingesetzt, so dass anschließend die Kenntnisse schnell in der Praxis umgesetzt werden können.

Auf jeden Fall ist im Projektablauf sicherzustellen, dass die Lauffähigkeit des neuen Systems und die Schulung exakt aufeinander abgestimmt sind. Nach der Schulung müssen die Teilnehmer ein einsatzfähiges System vorfinden. Es ist aber zu vermeiden, dass die Systeme schon vor der Schulung verfügbar sind.

Bitte sorgen Sie dafür, daß nach erfolgreicher Schulung die Teilnehmer etwas Zeit erhalten, um selbst manches mit ihrem neuen Programm auszuprobieren. Erfahrungsgemäß ist diese „Probierphase" für die spätere Arbeit wichtig.

Nach zwei Monaten Einsatz soll ein zweitägiger Aufbaukurs die Kenntnisse auffrischen und ergänzen. Dieser Kurs dient der Vermittlung weiterer Funktionen und Arbeitstechniken. Außerdem soll er zur Besprechung von Praxisproblemen, die bis dahin aufgetreten sind, genutzt werden.

...

Feld für Geschäftsangaben
Bei Kapitalgesellschaften: Feld für gesellschaftsrechtliche Angaben

Bild 14a: Anwendungsbeispiel, Vordruck Form A gemäß DIN 676 mit Informationsblock und Folgeseite (siehe Bild 14b)

- 2 -

5. Serviceleistungen. Im Service liegt einer der großen Vorteile unseres Komplettangebots. Für technische Probleme an unseren Anlagen garantieren wir Ihnen einen 24-Stunden-Service. Näheres entnehmen Sie bitte unseren Geschäftsbedingungen. Da wir durch die Übertragung Ihrer Texte für die Entwicklung der Dokumentvorlagen und die Schulung Ihrer Mitarbeiter sehr genau über Ihre Anwendungen informiert sind, stehen wir Ihren Mitarbeitern gerne auch für anwendungsbezogene Fragen zur Verfügung.

Noch ein Hinweis: Manchen Kunden erscheint es verwunderlich, dass die Kosten für die Hard- und Software in unserem Gesamtangebot niedriger liegen als die übrigen Kosten für die Umstellung der Systeme, die Schulung, die Arbeitsplatzeinrichtung und die Entwicklung der Dokumentvorlagen. Bitte beachten Sie, dass diese Leistungen nicht als standardisierte Produkte erbracht werden können, sondern individuell auf die Anforderungen des Kunden zugeschnitten werden. Die Anschaffung von Personalcomputern und Software allein führt häufig zu befriedigenden Ergebnissen, sondern zu vielfältigen Problemen in der Schriftgut-produktion. *Erst unsere individuelle Serviceleistungen gewährleisten, dass Sie in Zukunft über eine effiziente Textverarbeitung in Ihrem Haus verfügen.*

Wir sichern Ihnen schnelle Abwicklung zu, abgestimmt mit Ihren Mitarbeiterinnen und Mitarbeitern.

Freundliche Grüße

ppa. *Klaus Fischer*   i. V. *Karla Krüger*

Klaus Fischer   Karla Krüger

Anlage

Bild 14b: Anwendungsbeispiel, Vordruck Form A gemäß DIN 676, Folgeseite von Bild 14a

1.16 Gestaltung eines Telefax

Es sind die Gestaltungsgrundsätze eines Geschäftsbriefes anzuwenden.

Falls kein eigener Telefax-Vordruck vorliegt, kann wie folgt verfahren werden: Als Bezeichnung der Sendungsart (siehe 1.5.1) ist im Anschriftfeld die Bezeichnung „Telefax" einzutragen.

Ist die Übersendung des Schriftstückes als Brief notwendig, so kann als Zusatz zur Bezeichnung der Sendungsart (siehe 1.5.1) z. B. der Hinweis „Folgt per Post" angebracht werden.

```
1  Telefax - Folgt per Post
2
3  Uhrengroßhandel
4  Karl Hinteregger & Söhne
5  Max-Planck-Straße 48
6
7  63500 Seligenstadt
8
9
```

Ist es erforderlich, die Telefax-Nummer des Empfängers im Schriftstück anzugeben, so kann dies vorzugsweise in der Betreffangabe oder im Feld der Empfängeranschrift gemacht werden.

1.17 Millimeter-, Grad- und Zeilenangaben von Elementen eines Briefstückes

1.17.1 Zeilenanfang und Zeilenende

Tabelle 2: Millimeter- und Gradangaben für Zeilenanfang und Zeilenende

Benennung	Zeilenanfang für alle Schriftarten in Millimeter von der linken Blattkante	Maximales Zeilenende* für alle Schriftarten in Millimeter		Zeilenanfang auf Grad		Maximales Zeilenende* auf Grad	
		von der linken Blattkante	von der rechten Blattkante	Pica 10er	Elite 12er	Pica 10er	Elite 12er
Empfängeranschrift	24,1	100,3	109,7	10	12	39	47
Absenderangabe	24,1	100,3	109,7	10	12	39	47
Kommunikationszeile bzw. Informationsblock	125,7	201,9	8,1	50	60	79	94
Bezugszeichenzeile**:							
Erstes Leitwort	24,1			10	12		
Zweites Leitwort	74,9			30	36		
Drittes Leitwort	125,7			50	60		
Viertes Leitwort	176,5	201,9	8,1	70	84	79	94

(fortgesetzt)

Tabelle 2 (Abschluss)

Benennung	Zeilenanfang für alle Schriftarten in Millimeter von der linken Blattkante	Maximales Zeilenende* für alle Schriftarten in Millimeter		Zeilenanfang auf Grad		Maximales Zeilenende* auf Grad	
		von der linken Blattkante	von der rechten Blattkante	Pica 10er	Elite 12er	Pica 10er	Elite 12er
Text	24,1	201,9	8,1	10	12	79	94
Gruß und/oder Firmenbezeichnung	24,1			10	12		
Anlagen- und Verteilervermerke	24,1 oder 125,7	201,9	8,1	10 oder 50	12 oder 60	79	94
Einrückung	49,5	201,9	8,1	20	24	79	94

* Im Textbereich soll das Zeilenende wenigstens bei 163,8 mm von der linken Blattkante bzw. auf Grad 64 (bei 12er Teilung auf Grad 78) liegen.

** Siehe DIN 676. Die maximalen Zeilenenden für die ersten drei Leitwörter werden durch den Anfang des jeweils folgenden Leitworts bestimmt.

1.17.2 Zeilenpositionen von der oberen Blattkante

Tabelle 3: Millimeter- und Zeilenangaben für Zeilenpositionen von der oberen Blattkante (abgeleitet aus DIN 676)

Benennung	Briefblatt Form A		Briefblatt Form B	
	Zeilenanfang für alle Schriftarten in Millimeter von der oberen Blattkante*	Zeilenanfang auf Zeile	Zeilenanfang für alle Schriftarten in Millimeter von der oberen Blattkante*	Zeilenanfang auf Zeile
Erste Absenderzeile bei Briefblättern ohne Aufdruck	16,9	5	16,9	5
Erste Anschriftzeile	33,9	9	50,8	13
Erste Zeile des Informationsblocks	33,9	9	50,8	13
Leitwörter Kommunikationszeile	63,5	16	80,4	20
Text Kommunikationszeile	67,7	17	84,7	21
Leitwörter Bezugszeichenzeile	80,4	20	97,4	24
Text Bezugszeichenzeile	84,7	21	101,6	25
Betreff (bei *einer* vorausgehenden Bezugszeichenzeile)	97,4	24	114,3	28

* Millimeterangaben bis zur oberen Zeilenkante unter Zugrundelegung einer Zeilenhöhe von 4,23 mm (etwa 11 p)

Notizen

2 Text

Textbeginn und Textende siehe 1.9.

2.1 Überschriften

Eine geeignete Hervorhebung ist zulässig, siehe 2.3.

Am Beginn einer Seite sind Überschriften nach mindestens vier Leerzeilen vom oberen Blattrand entfernt zu schreiben.

Überschriften, die nicht am Beginn einer Seite stehen, sind vom vorhergehenden Text durch mindestens eine Leerzeile zu trennen.

Überschriften sind vom nachfolgenden Text durch mindestens eine Leerzeile zu trennen.

Der Abstand einer Überschrift zum vorherigen Text beträgt 65 % des Schriftgrades ebenso wie der Abstand zum folgenden Text, auch wenn dieser selbst eine Über-schrift ist.

Überschriften mit Abschnittsnummerierung beginnen an der Fluchtlinie.

Abschnitte erhalten gemäß DIN 1421 arabische Zählnummern, für die wahlweise gilt (siehe auch 3.3.5.1):

a) Die Abschnitte der ersten Stufe werden in Abschnitte der weiteren Stufe unter-teilt und benummert, z. B. 2, 2.1, 2.1.1. Diese Unterteilung soll in der dritten Stufe enden, damit die Abschnittsnummern noch übersichtlich, gut lesbar und leicht ansprechbar bleiben.

b) Alle Abschnitte in einem Text werden fortlaufend nur mit Abschnittsnummern der ersten Stufe benummert.

In einer Abschnittsnummer ist nur zwischen zwei Stufen ein Punkt (.) als Gliede-rungszeichen zu setzen; am Ende einer Abschnittsnummer steht kein Punkt.

Der Abschnittsnummer folgen mindestens zwei Leerzeichen; in mehrzeiligen Ab-schnittsüberschriften beginnen Folgezeilen an der neuen Fluchtlinie.

Falls der erste Abschnitt in einer Stufe allgemeingültige Angaben (z. B. eine Einlei-tung, Präambel) enthält, dann darf hierfür die Zählnummer „0" belegt werden.

```
2.2  Gliederungsbestandteile
... enthält eine kurze Darstellung der Bestandteile der Gliede-
rung und der Bestandteile der Anschrift.

2.2.1  Texte übersichtlich gliedern und darstellen
Der gedankliche (innere) Aufbau eines Textes kommt erst dann
zur vollen Wirkung, wenn er auch durch die äußere Gestaltung
für den Leser sofort sichtbar ist. Umgekehrt ...
```

Überschriften ohne Abschnittsnummerierung dürfen auch zentriert werden (diese Möglichkeit ist in DIN 5008 nicht aufgeführt).

```
                          ZEILENABSTAND
Es wird mit Zeilenabstand 1 (einzeilig) geschrieben. Schrift-
stücke besonderer Art (Berichte, u. Ä.) dürfen mit größerem
Zeilenabstand geschrieben werden.

                          ANSCHRIFTFELD
Anschriften werden im Anschriftfeld aller Schriftstücke und auf
Briefhüllen in gleicher Anordnung geschrieben. Satzzeichen in-
nerhalb einer Anschriftzeile ...
```

2.2 Absätze

Jeder Absatz ist durch eine Leerzeile vom vorhergehenden Text zu trennen und beginnt an der Fluchtlinie. So beginnt auch der Text nach der Anrede, siehe 1.7, in der zweiten Zeile.

Der Abstand eines Absatzes zum vorhergehenden Text sollte einen halben Zeilenabstand betragen, wobei der Zeilenabstand innerhalb eines Absatzes mindestens 130 % des Schriftgrades ist. Auf einen genauen Zeilenabstand ist zu achten, z. B. genau 13 p.

2.2.1 Kennzeichnung durch Absatznummern

Absätze dürfen mit arabischen Zählnummern gekennzeichnet werden. Um diese Absatznummern deutlich von Abschnittsnummern unterscheiden zu können, sind sie vorzugsweise einzuklammern. Sie dürfen auch mit nachfolgendem Bindestrich gekennzeichnet werden.

Absätze dürfen wahlweise wie folgt benummert werden:

a) In einem Abschnitt werden dessen Absätze fortlaufend gezählt und immer mit „1" beginnend benummert.

b) Alle Absätze in einem Text werden, unabhängig von der Gliederung in Abschnitte, fortlaufend gezählt benummert.

```
1.2.3  Skylab, Raumstation mit Komfort
(1)  Das Jahr 1973 wird in die Geschichte eingehen als jenes
Jahr, in dem zum ersten Mal Menschen monatelang unter Weltraum-
bedingungen an Bord einer Raumstation lebten.
(2)  Die Ausmaße dieses Labors im Weltall sind, zumindest ver-
glichen mit den Größen bisheriger Raumfahrzeuge ...

4.5.6  Angriffe auf das Denkvermögen
1- Die Beschäftigung mit den Erkrankungen des menschlichen Ner-
vensystems führt unvermeidlich zu der verschwommenen Grenze
zwischen Neurologie und Psychologie.
2- Wie die Bewegung und die Sprache ist auch die Fähigkeit, seine
Gedanke zu kontrollieren, eine Funktion des Nervensystems, die
im ...
```

2.2.2 Teilbetreff

Teilbetreffe beziehen sich im Gegensatz zur Betreffangabe auf Briefteile.
Der Teilbetreff beginnt an der Fluchtlinie, schließt mit einem Punkt und wird hervorgehoben. Der Text wird unmittelbar angefügt.

```
... Folgende Angaben sind bei dieser Umstellung zu lösen:
1. Sicherung aller Dokumente. Die Dokumente, die in dem System
gespeichert werden sollen, werden uns auf Diskette zur Verfü-
gung gestellt, in das Format der neuen Software übersetzt und
in die neue Anlage eingespeichert.
2. Entwicklung von Dokumentvorlagen. Für die wichtigsten Anfor-
derungen Ihres Schriftverkehrs werden auf der Basis der neuen
Software Dokumentvorlagen entwickelt. In einem ersten Schritt
...
```

2.3 Hervorhebungen

Hervorhebungen sind möglichst sparsam einzusetzen, Kombinationen sind erlaubt. Hervorgehoben wird durch Unterstreichung, Großbuchstaben, Fettschrift, Kursivschrift, Kapitälchen, Wechsel der Schriftart, Zentrierung, Freistellung und Einrückung.

2.3.1 Unterstreichung

Zu unterstreichen ist mit dem Grundstrich vom ersten bis zum letzten Zeichen des hervorzuhebenden Textteiles ohne Veränderung der Schreibzeile. Ein nachfolgendes Satzzeichen ist ebenfalls zu unterstreichen.

```
Wir überlassen Ihnen das Buch 10 Tage zur Ansicht.
```

```
Wir erheben keine Einspruch, weil ...
```

```
Eine junge Dame, die diese Anforderungen erfüllt, findet in der
Rechtsabteilung unseres Unternehmens eine interessante und gut
bezahlte Tätigkeit als

Assistentin des Abteilungsleiters.

Sie übernimmt eine verantwortungsvolle Tätigkeit. Praktische
Erfahrungen in einem Anwaltsbüro wären von Vorteil, sind jedoch
nicht Bedingung.
```

Anführungszeichen und Klammern sind nur dann zu unterstreichen, wenn der ganze zwischen Anführungszeichen stehende oder eingeklammerte Wortlaut zu unterstreichen ist.

```
Die Bestimmung steht im "Einkommensteuergesetz". Daher ...
```

```
Das heutige Währungssystem ist durch flexible Wechselkurse (im
Gegensatz zu den ehemals festen Wechselkursen) gekennzeichnet.
```

2.3.2 Großbuchstaben

```
Herr Franz Berger ist Mitinhaber der Firma HANS BERGER & SOHN.
```

2.3.3 Fettschrift

```
Herr Franz Berger ist Mitinhaber der Firma HANS BERGER & SOHN.
```

2.3.4 Kursivschrift

```
Herr Franz Berger ist Mitinhaber der Firma HANS BERGER & SOHN.
```

2.3.5 Kapitälchen

```
Herr Franz Berger ist Mitinhaber der Firma HANS BERGER & SOHN.
```

2.3.6 Wechsel der Schriftart

```
Herr Franz Berger ist Mitinhaber der Firma HANS BERGER & SOHN.
```

2.3.7 Freistellen

Vor und nach dem hervorzuhebenden Textteil ist eine Leerzeile (*Abstand 65 % des Schriftgrades*) zu setzen. Dieser Textteil beginnt an der Fluchtlinie.

```
Liefern Sie bitte sofort zu Ihren üblichen Bedingungen per
Bahnexpress an unser Zweitwerk II:

10.000 Stück Distanzecken, DM 1.365,--/1000 + 20 % USt.

Wir erwarten Ihre Auftragsbestätigung per Telefax. Vielen Dank
im Voraus für eine rasche Erledigung!
```

2.3.8 Einrücken

Eingerückte Textteile beginnen vorzugsweise an der 20. Schreibstelle (Tabulatorposition) ab der Fluchtlinie. Vor und nach dem eingerückten Textteil ist eine Leerzeile zu setzen.

Eingerückte Textteile beginnen 48,5 mm von der linken Fluchtlinie. Vor und nach jedem eingerückten Textteil ist ein Abstand zum vorhergehenden und nachfolgenden Text von 65 % des Schriftgrades sicherzustellen.

```
Ihre Anfrage, wie z. B. wichtige mehrzeilige Informationen op-
tisch aus dem restlichen Text hervorgehoben werden können, be-
antworten wir mit folgendem Beispiel:

        Sie können wichtige Textpassagen 10 Schreibschritte ab
        der Fluchtlinie einrücken, wobei vor und nach dem ein-
        gerücktem Text jeweils eine Leerzeile zu setzen ist.

Das Deutsche Institut für Normung steht Ihnen auch in Zukunft
mit Auskünften gerne zur Verfügung.
```

36

2.3.9 Zentrieren

Vor und nach dem zentrierten Textteil ist eine Leerzeile zu setzen.

Vor und nach jedem zentrierten Textteil ist ein Abstand zum vorhergehenden und nachfolgenden Text von 65 % des Schriftgrades sicherzustellen.

Ihre Anfrage, wie z. B. wichtige mehrzeilige Informationen optisch aus dem restlichen Text hervorgehoben werden können, beantworten wir mit folgendem Beispiel:

Sie können wichtige Textpassagen zentrieren,
wobei vor und nach dem eingerücktem Text jeweils
eine Leerzeile zu setzen ist.

Das Deutsche Institut für Normung steht Ihnen auch in Zukunft mit Auskünften gerne zur Verfügung.

2.4 Aufzählungen

Gemäß DIN 1421 ist eine Aufzählung ein Teil eines Textes, der vorwiegend durch Gliederung eines Absatzes entsteht und stets gekennzeichnet wird.

2.4.1 Kennzeichnung mit Zeichen oder Zahlen

Zur Kennzeichnung von Aufzählungen werden vorzugsweise arabische Ordnungszahlen und lateinische Kleinbuchstaben verwendet.

Aufzählungen, welche lediglich typographisch hervorgehoben werden sollen, dürfen mit Bindestrich gekennzeichnet werden. *Darüber hinaus kann die Kennzeichnung durch Sterne, kleine gefüllte Quadrate oder kleine gefüllte Kreise je nach Umfang des elektronischen Zeichensatzes ergänzt werden.*

Arabische Ordnungszahlen schließen mit Punkt ab, Kleinbuchstaben mit Klammern. Dekadische Gliederungsnummern enden ohne Punkt (siehe 3.3.5.1). Nach einem Gliederungszeichen ist mindestens ein Leerzeichen zu setzen (*zwischen Gliederungszeichen und nachfolgendem Text ist ein Mindestabstand von 1 mm einzuhalten*).

Mit Wirkung vom 1994-08-01 beträgt die Mindesthöhe der Versicherungssumme für
1. Personenschäden 1.000.000 DM
2. Sachschäden 500.000 DM
...
10. Vermögensschäden 50.000 DM

Die einzelnen Aufzählungsglieder können auch durch Leerzeilen (*Abstand 65 % des Schriftgrades*) getrennt werden, insbesondere wenn sie mehrzeilig sind.

Ich darf Sie besonders auf nachstehende Erfolgsreihen hinweisen:
- Lexika für den täglichen Gebrauch, z. B. Fremdwörterlexikon, Gesundheitslexikon, Länderlexikon
- Bücher für den Urlaub, z. B. Reisen nach Amerika, Reisen nach Afrika, Reisen nach Asien
Damit haben Sie die Möglichkeit ...

```
Aus meinem umfassenden Angebot kann ich Ihnen Markengeräte nach
Maß anbieten:
1. Pumpen für Haus, Garten und Gewerbe
     a) Spezialpumpen
     b) Umwälzpumpen
     c) Unterwasserpumpen
2. Schwimmbecken
     a) Rund- oder Langbecken
     b) Fertigbecken
Die Leistungsfähigkeit und Lebensdauer ...
```

Zur Textverarbeitung im weiteren Sinn gehören ferner:

- Reproduktion = Kopieren und Vervielfältigen von Texten
- Postbearbeitung mit Postbearbeitungsmaschinen
- Archivieren von Texten (z. B. Mikroverfilmung)
- Übertragen von Texten = Telekommunikation

2.4.2 Kennzeichnung mit Stichwörtern

Stichwörter sollten möglichst kurz sein und an der Fluchtlinie beginnen. Unterstreichung, Doppelpunkt sind erlaubt. Die dazugehörigen Texte sollten an jener Tabulatorposition beginnen, die sich aus dem längsten Stichwort ergibt.

```
Umfang                  12 Seiten
Format                  A4, 2-mal durch den Rücken geheftet
Papier                  Esparto weiß 120 g/m²
Lithos                  werden von uns beigestellt
Preis/2000 Stück        DEM 2.000,--
Fortdruck/1000 Stück    DEM   120,--
Lieferung               14 Tage nach Imprimatur
```

2.5 Aufstellungen

Eine Aufstellung ist vom vorhergehenden Text und vom nachfolgenden Text durch eine Leerzeile (*Abstand 65 % des Schriftgrades*) zu trennen. Aus Gründen der Übersichtlichkeit können zwischen den Kolonnen auch mehrere Leerzeichen gesetzt werden.

```
Vergleichen Sie die tief reduzierten Preise unserer Sonderange-
bote an Porzellangeschirr:
Tafelservice   "Vera"  22-teilig statt DEM 100,00  nur DEM  76,00
"              "Gerda" 20-teilig  "     "   120,00  "    "  110,00
Kaffeeservice  "Inge"   9-teilig  "     "    47,00  "    "   30,00
"              "Ida"    9-teilig  "     "    73,00  "    "   57,00
```

2.6 Fußnoten

Fußnoten-Hinweiszeichen sind hochgestellte Zahlen aus arabischen Ziffern. Vor dem Fußnoten-Hinweiszeichen wird kein Leerzeichen gesetzt. Bei mehrseitigen

Texten sind die Fußnoten über alle Seiten hinweg fortlaufend zu nummerieren. Bei höchstens drei Fußnoten können auch Sonderzeichen (z. B. Sterne) verwendet werden. Eine Schlussklammer wird nicht gesetzt.

Die entsprechenden Fußnoten werden jeweils unten auf die Seite geschrieben, auf der im Text auf sie verwiesen ist. Sie werden mit dem Fußnotenstrich (bei Schreibmaschinen 10 Grundstriche „ _ ") abgegrenzt, mit dem einfachen Grundzeilenabstand wie Absätze geschrieben und mit dem entsprechenden Fußnoten-Hinweiszeichen gekennzeichnet.

Wird die gleiche Fußnote auf einer Folgeseite wieder benötigt, so trägt sie die gleiche Zahl. Der Text der Fußnote ist entweder zu wiederholen, oder es ist auf die erstmalige Anführung zu verweisen, z. B. auf Seite 9: „[1]) siehe Seite 8".

```
Die Absatzlage wird sich in diesem Jahr verbessern. Die Lager
werden aufgefüllt, und die Exporte steigen vermutlich etwas an.
Kritische Stimmen[1] warnen vor längeren Lieferfristen.
_____
[1] Marktanalyse der Fachzeitschrift „Der Computermarkt"
```

```
Der innerbetriebliche Posteingang zieht folgende Arbeitsabläu-
fe[1] nach sich:

1. Öffnen
2. Entnehmen des Inhalts und Leerkontrolle[2]
3. Stempeln
4. Sortieren und Verteilen

Vereinfachungen dieser Arbeitsabläufe sind beispielsweise mög-
lich durch:

– Brieföffnungsmaschinen
– Durchleuchtungsanlagen (zur Leerkontrolle)
– Stempelapparate
– möglichst rationelle Sortierung (Aktenkörbe, Aktenwagen usw.)


_____
[1] Brück, Hoja u. a.: Funktionelle Bürowirtschaft
[2] Zwischen den Phasen 2 und 3 liegt in einigen Bürosystemen be-
    reits die mehrere Arbeitsgänge umfassende Phase: Verfilmung
    des eingehenden und Kontrolle des verfilmten Schriftgutes.
```

```
... Der Unterschied liegt darin, wie das gesamte Unternehmens-
management in den F&E-Prozess eingebunden ist*.
_____
* Siehe Lowel W. Steel, „Selecting R&D Programs and Objectives",
  Research Technology Management, 1983
```

In Tabellen werden die Fußnoten am Ende der Tabelle geschrieben. Bei der Nummerierung der Fußnoten ist die Reihenfolge nach Zeilen derjenigen nach Spalten vorzuziehen.

Fußnoten in Form eines vollständigen Satzes beginnen mit Großbuchstaben und enden mit einem Punkt.

Produktfamilie	Bezeichnung	Stückpreis in DM
Tafelservice	Vera, 22-teilig	110,00[*]
	Gerda, 20-teilig	120,00[**]
Kaffeeservice	Inge, 9-teilig	50,00[*]
	Ida, 9-teilig	70,00[**]
[*] Bei Kauf von 10 Stück wird ein Set gratis dazugegeben.		
[**] Bei Kauf von 20 Stück wird ein Set gratis dazugegeben.		

2.7 Bilder

Bei mehrseitigen Texten sind Bilder über alle Seiten hinweg fortlaufend zu nummerieren.

Vor der Bildnummer ist die Wortangabe „Bild" und ein Leerzeichen zu setzen. Eine Hervorhebung z. B. durch Fettschrift ist gestattet. Die Bildnummerierung sollte zentriert unter dem Bild stehen.

Bild 1

Ist eine Beschreibung der Abbildung notwendig, so folgt nach der Bildnummerierung ein Doppelpunkt, welcher gemeinsam mit der Bildnummerierung hervorgehoben werden kann, ein Leerzeichen und jener Text, welcher kurz und eindeutig das Bild beschreiben soll.

Bild 1: Vereinfachte Darstellung eines Gewindes

Bild 2: Schematische Darstellung der Entstehung eines Spektrogramms, L = weißes Licht, P = Prisma, K = Graukeil oder Grauskala, M = zu prüfendes Material

3 Zeichen

Zwischenräume entstehen durch Leerzeichen.

Je ein Leerzeichen (ein Anschlag der Leerzeichentaste) folgt nach ausgeschriebenen Wörtern und nach Abkürzungen, nach Zeichen, die ein Wort vertreten, nach ausgelassenen Textteilen, die durch Auslassungspunkte angedeutet sind, nach Zahlen und nach Satzzeichen.

Ausnahmen zu dieser Regel werden in den entsprechenden, folgenden Abschnitten behandelt.

3.1 Schriftzeichen, die Wörter oder Wortteile ersetzen

3.1.1 Apostroph

Der Apostroph (Auslassungszeichen) ersetzt einen oder mehrere Buchstaben. Es ist darauf zu achten, dass nicht ´ (Accent aigu) bzw. ` (Accent grave) anstelle des Apostrophs verwendet wird.

```
's war 'n ew'ger Fried' im Land.
Sind's Uhlands oder Claudius' Gedichte?
```

3.1.2 Auslassungspunkte

Drei ohne Leerzeichen aneinandergereihte Punkte ersetzen einen fehlenden Textteil. Vor und nach den drei Punkten ist je ein Leerzeichen zu setzen; ein allenfalls nachfolgender Schlusspunkt fällt mit dem dritten Punkt zusammen.

In vielen Textverarbeitungssystemen ist für die Auslassungspunkte bereits ein eigenes Zeichen „ ... “ vorgegeben.

```
Der Kommissionär haftet ... für den Eingang der Rechnungsbeträ-
ge, ...
```

```
Er gab erst den Takt an: „Eins-zwei, eins-zwei ... " Dann ...
```

```
Sie trafen sich in Berlin ..., wo ...
```

Jedoch gilt für zu ergänzende Jahreszahlen:

```
19..
```

3.1.3 Zeichen für „bis"

Als Bis-Strich ist der Mittestrich „ – " zu verwenden, wobei vor und nach diesem kein Leerzeichen zu setzen ist. In der Formulierung „von bis" oder in ganzen Sätzen soll der Bis-Strich nicht verwendet, sondern das Wort „bis" ausgeschrieben werden.

Bei Textverarbeitungssystemen ist der verlängerte Mittestrich „ – " anstatt des „ - " zu setzen.

```
09:30 – 13:30 Uhr
```

Aber es gilt:

```
von 9:30 bis 13:30 Uhr
```

```
3-4 DM
```

```
3- bis 4-mal
```

Bei Platzmangel in Vordrucken, etwa in Bezugszeichenzeilen, dürfen Leerzeichen wegfallen.

Schreibweise von Hausnummern siehe 1.5.1.

3.1.4 Durchmesser-Zeichen

Das Durchmesser-Zeichen darf nur in Verbindung mit Zahlen verwendet werden.

Bei Textverarbeitungssystemen ist das dafür vorgesehene Zeichen „ Ø " zu verwenden.

Bei maschinengeschriebenen Texten ist es aus dem Großbuchstaben O und dem Schrägstrich zusammenzusetzen, wobei vor und nach dem Zeichen je ein Leerzeichen zu setzen ist.

Zwischen dem Durchmesserzeichen und der Zahl darf kein Zeilenumbruch erfolgen.

```
Er bestellte Steinzeug-Kanalrohre, Länge 100 cm, Ø 15 cm.
```

3.1.5 Wortergänzungen durch Mittestrich (Ergänzungsbindestrich)

Zum Ersatz von Wörtern oder Wortteilen ist der Mittestrich „ - " zu verwenden; er ist wie der dadurch ersetzte Wortteil zu behandeln.

```
Ein- und Ausgang

Gepäckannahme und -ausgabe

Textilgroß- und -einzelhandel

1/2-, 2- und 4-prozentig
```

3.1.6 At-Zeichen

Das At-Zeichen („@") wird in Zusammenhang mit einer elektronischen Adresse (E-mail) verwendet.

```
postmaster@din.de
```

3.1.7 Et-Zeichen

Das Et-Zeichen (kaufmännisches Und-Zeichen „ & ") darf nur im Zusammenhang mit einem Firmenwortlaut verwendet werden, wobei vor und nach diesem Zeichen je ein Leerzeichen zu setzen ist.

```
Karl Spindler & Söhne
Haus- und Küchengeräte
```

42

3.1.8 Hinweis auf eine Folgeseite

Am Fuß der beschrifteten Seite kann am rechten Rand durch drei Punkte „ ... " auf eine Folgeseite hingewiesen werden. Der Abstand zwischen Textende und den drei Punkten beträgt mindestens eine Leerzeile.

3.1.9 Zeichen für „gegen"

Als Zeichen für „gegen" ist der (*in der Textverarbeitung verlängerte*) Mittestrich zu verwenden, wobei vor und nach diesem je ein Leerzeichen zu setzen ist.

```
Schalke 04 – Eintracht Frankfurt
```

```
Borussia Dortmund – Dynamo Dresden
```

Ebenso ist als Zeichen für „gegen" der Schrägstrich mit je einem ohne Leerzeichen vor- und nachgesetzten Punkt gültig. Vor dem ersten Punkt und nach dem letzten Punkt ist je ein Leerzeichen zu setzen. Dieses Zeichen wird z. B. in Schriftsätzen bei Rechtsstreitigkeiten verwendet.

```
Die Klage Weber ./. Hartmann
```

3.1.10 Hoch- und tiefgestellte Zeichen

Hoch- und tiefgestellte Zeichen dürfen nur in Verbindung mit anderen Zeichen verwendet werden. Sie folgen dem Zeichen ohne Leerzeichen. Auch vor gegebenenfalls nachfolgenden Zeichen ist kein Leerzeichen zu setzen (Ausnahme siehe 3.1.10.1 „ °C "). Die Höhe bzw. die Tiefe, um die das Zeichen zu versetzen ist, beträgt eine halbe Zeilenschaltung.

Bei Textverarbeitung ist die Schriftgröße des zu setzenden Zeichens um zwei oder drei Grade kleiner zu wählen.

```
10³     mm²     H₂O     10⁻ⁿ
10³     mm²     H₂O     10⁻ⁿ
```

3.1.10.1 Grad-Zeichen, Minuten- und Sekunden-Zeichen

Wenn im Zeichensatz kein Grad-Zeichen „ ° " vorgesehen ist, muss der um eine halbe Zeilenschaltung hochgestellte Kleinbuchstabe o verwendet werden. Als Minuten-Zeichen ist der Apostroph, als Sekunden-Zeichen das Anführungszeichen zu verwenden.

```
Ein rechter Winkel hat 90°.
Dieser Winkel weicht um 12′ 13,7″ ab.
Der Ort liegt auf 45° 13′40″ nördlicher Breite.
```

Das Gradzeichen als Temperatur-Bezeichnung (°C, °F) ist ein nicht hochgestelltes Gesamtzeichen, das nach einem Leerzeichen gesetzt wird.

```
25 °C
```

3.1.10.2 Neugrad-, Neuminuten- und Neusekunden-Zeichen

Als Neugrad-Zeichen ist der Kleinbuchstabe g, als Neuminuten-Zeichen der Kleinbuchstabe c, als Neusekunden-Zeichen zweimal der Kleinbuchstabe c (cc) zu verwenden, jeweils um einen halben Zeilenschritt hochgestellt.

```
Ein rechter Winkel hat 100ᵍ.
```
```
1ᶜ (Neuminute) = 100ᶜᶜ (Neusekunden)
```
```
Der Winkel beträgt 25ᵍ 20ᶜ 25ᶜᶜ = 25,2025ᵍ.
```

3.1.11 Zeichen für „Paragraph"

Das Zeichen für Paragraph darf nur in Verbindung mit Zahlen verwendet werden und ist wie das ersetzte Wort zu behandeln. Bei Bezug auf mehrere Paragraphen in Verbindung mit Zahlen sind zwei Paragraph-Zeichen ohne Leerzeichen dazwischen zu schreiben.

```
Nach § 36 BGB wird ...
```
```
In den §§ 3-5 der Verordnung ist dieser Fall geregelt.
```
```
Er verwies darauf, dass nur die §§ 8 und 10 dieses Gesetzes zu
berücksichtigen sind.
```
```
§ 6 Abs. 2 Satz 2
```

Jedoch gilt:

```
Das Gesetz umfasst 36 Paragraphen.
```

3.1.12 Pro-Strich

Als Pro-Strich ist der Schrägstrich zu verwenden, wobei vor und nach diesem kein Leerzeichen zu setzen ist.

```
Er fuhr mit einer Durchschnittsgeschwindigkeit von 75 km/h.
```

3.1.13 Prozent-Zeichen und Promille-Zeichen

Das Prozent-Zeichen und das Promille-Zeichen dürfen nur in Verbindung mit Zahlen verwendet werden; sie sind wie das ersetzte Wort zu behandeln. Ist im Zeichensatz kein Promille-Zeichen vorhanden, so ist es entweder aus dem Prozent-Zeichen und dem Kleinbuchstaben o zusammenzusetzen oder aus dem Kleinbuchstaben o, dem Pro-Strich und zwei Kleinbuchstaben „o/oo". Werden Prozent- oder Promille-Zeichen als Wortteil in zusammengesetzten Wörtern verwendet, so entfällt das Leerzeichen.

```
Es ist eine Verzinsung von 9 % zu berücksichtigen.
```
```
Der Marktanteil konnte auf 15 % erhöht werden.
```
```
Er verwendete für dieses Experiment eine 10%ige Lösung.
```
```
die 5%-Klausel, eine 10%-Grenze
```
```
Er erhielt für die Vermittlung eine Provision von 5 ‰.
```
```
Die 8‰-Grenze wurde nicht überschritten.
```
```
Die Abweichung betrug 2 o/oo gegenüber dem Vorjahr.
```

3.1.14 Rechenzeichen

Als Rechenzeichen werden verwendet: + (plus), – (minus), · oder × (mal), : (dividiert durch), = (ist gleich). *In der Textverarbeitung ist als Multiplikationszeichen neben ×* *auch „ · " (hochgestellter Punkt) zu verwenden.*

Bei maschingeschriebenen Texten, bzw. wenn in der Textverarbeitung kein „Formel-Editor" verwendet wird, ist vor und nach dem Rechenzeichen je ein Leerzeichen zu setzen.

`12 + 8 = 20`	`22 – 6 = 16`
`a · b = ab`	a · b = ab
`12 x 4 = 48`	`72 : 6 = 12`

Das Potenzieren wird durch das Hochstellen des Exponenten (siehe 3.1.10) dargestellt. Von der Verwendung eines Rechenzeichens in Anlehnung an eine Programmiersprache (z. B. ** in FORTRAN) wird abgeraten.

Das liegende Kreuz (der Kleinbuchstabe x) wird in den Zahlenangaben für Flächenformate und für räumliche Abmessungen verwendet. Es steht jeweils zwischen zwei Längen (nicht nur zwischen deren Zahlenwerten). Nähere Informationen zu Formelschreibweise und Formelsatz gibt DIN 1338.

`4,5 m x 5,2 m = 23,4 m²`
`3 mm x 3 mm x 80 mm`

3.1.15 Verhältniszeichen

Als Verhältniszeichen ist der Doppelpunkt zu verwenden, wobei vor und nach diesem je ein Leerzeichen zu setzen ist.

`Der Plan ist im Maßstab 1 : 100 000 gezeichnet.`
`Das Mischungsverhältnis beträgt 3 : 5.`

3.1.16 Vorzeichen

Vorzeichen sind nur in Verbindung mit Zahlen zu verwenden. Zwischen Vorzeichen und Zahl ist kein Leerzeichen zu setzen.

`(-5) + (-2) = -7`
`Die Temperatur fiel innerhalb von 24 Stunden von +3 °C auf` `-5 °C.`

3.1.17 Unterführungszeichen statt Wortwiederholung

Das Unterführungszeichen wird unter den ersten Buchstaben jedes zu unterführenden Wortes geschrieben. Die Unterführung gilt auch für Bindestrich und Komma. Ist mehr als ein Wort zu unterführen, so wird das Unterführungszeichen auch dann unter jedes einzelne Wort gesetzt, wenn die Wörter nebeneinander stehend ein Ganzes bilden.

```
Neustadt bei Coburg (Oberfranken)
Rodach    "    "      "
```

Berlin-Tegel	Kaffee-Ernte
" Spandau	Tee- "

```
Lux-Projektor, Modell 7
Rapid-Projektor, Modell I a
Heim- "          "      III b
```

Bei Textverarbeitungssystemen wird das Unterführungszeichen unter die Mitte des zu unterführenden Wortes gesetzt.

```
Neustadt bei Coburg (Oberfranken)
Rodach    "    "      "
```

Berlin-Tegel	Kaffee-Ernte
" Spandau	Tee- "

```
Lux-Projektor, Modell 7
Rapid-Projektor, Modell I a
Heim-  "        "    III b
```

Zahlen sind stets zu wiederholen. Nach dem Summenstrich darf nicht unterführt werden.

```
1 Regal, 30 cm x 80 cm, o. R.   95,00 DM
1  "     50  "  x 80  "   m. "  125,50  "
                                220,50 DM
```

3.1.18 Zeichen für „Nummer(n)"

Das Zeichen für „Nummer(n)" (Raute) darf als Ersatz für das Wort „Nummer" nur in Verbindung mit Zahlen oder in bibliographischen Angaben verwendet werden und ist wie das ersetzte Wort zu behandeln.

```
Der Artikel # 687 ist nicht mehr lieferbar.
Die Artikel # 687 und 688 sind ...
```

3.1.19 Zeichen für „geboren", „gestorben"

Als Zeichen für „geboren" wird der Stern, für „gestorben" das Plus-Zeichen (*bei Textverarbeitungssystemen das „dagger"-Zeichen* †) verwendet, wobei vor und nach diesen je ein Leerzeichen zu setzen ist.

```
Hans Wolf, * 1932-05-12, + 1993-12-11
```
Hans Wolf, * 1932-05-12, † 1993-12-11

3.2 Schriftzeichen, die keine Wörter oder Wortteile ersetzen

3.2.1 Abkürzungspunkt

Für die Schreibweise von Abkürzungen siehe Anhang A.

Vor einem Abkürzungspunkt ist kein Leerzeichen zu setzen; nach dem Abkürzungspunkt ist ein Leerzeichen zu setzen, sofern nicht eine andere Regel dagegen spricht.

| Dipl.-Holzw. G. Hutflesz | Dr. Harald Fischer |

Ein auf eine Abkürzung allenfalls folgender Schlusspunkt fällt mit dem Punkt der Abkürzung zusammen, nicht aber die Auslassungspunkte (siehe 3.1.2).

| Dipl.-Ing., Dipl.-Volksw. ... |

Beim Ausfüllen von Vordrucken (Formularen) kann bei Platzmangel das Leerzeichen zwischen Abkürzungspunkt und folgendem Zeichen entfallen.

3.2.2 Diakritische Zeichen

Diakritische Zeichen sind Zeichen für besondere Aussprache.

Bei maschingeschriebenen Texten kann das Zeichen ˆ (Accent circonflexe) aus ´ (Accent aigu) und ` (Accent grave) zusammengesetzt werden, für das Zeichen ˛ (Cedille) wird das Kommazeichen verwendet.

| crédit, chèque, città, même; français; Triëder; señor |

3.2.3 Anführungszeichen

Vor dem Anfangs- und nach dem Schlussanführungszeichen ist je ein Leerzeichen zu setzen. Nach dem Anfangs- und vor dem Schlussanführungszeichen ist kein Leerzeichen zu setzen.

Innerhalb eines unter Anführungszeichen stehenden Textes ist als weiteres (halbes) Anführungszeichen der Apostroph zu verwenden.

| Er las die Zeitung "Der Techniker". |
| Er las die Zeitung „Der Techniker". |
| Der Kunde M. fragt an: "Wann werden die Modelle 'Wien' und 'Paris' geliefert?" |
| Hast du gesagt: "Wer war das?"? |
| Sag ihm: "Er muss kommen!"! |

3.2.4 Kopplung und Aneinanderreihung durch Mittestrich (Bindestrich)

Zur Verbindung oder Gliederung von Wörtern sowie zur Verbindung von Abkürzungen mit Wörtern oder von Zahlen mit Wörtern ist der Mittestrich ohne Leerzeichen zu verwenden.

| Er fuhr nach Hamburg-Altona. |
| Sie war bei einer Haftpflicht-Versicherungsgesellschaft. |
| In der kalten Jahreszeit nimmt der Verkauf von Produkten mit hohem Vitamin-C-Gehalt zu. |
| Das neue Modell ist mit einem 6-Zylinder-Motor ausgestattet. |
| Das alte Modell besaß einen 4-zylindrigen Motor. |

> Der 30-Tonner fuhr auf der Autobahn.
> Die Ballgäste tanzten im 3/4-Takt.
> Nach dem 5:3-Sieg fuhr die Fußballmannschaft nach Potsdam.
> Der Chemiker entsorgte die 50-prozentige Natronlösung.
> Nach 8-jährigem USA–Aufenthalt kehrt er zurück.
> Die Ausbildung führte sie an das Max-Planck-Institut.
> Tee-Ei, Hawaii-Inseln, Druck-Erzeugnisse, öffentlich-rechtlich,
> A4-Format, Sachsen-Anhalt

Kein Bindestrich ist zu setzen, wenn Ziffern nur mit Suffixen (= „Nachsilben") zusammengesetzt werden.

> 8fach, 42%ig, 1982er

3.2.5 Bruchstrich

Bei maschinengeschriebenem Text ist als Bruchstrich der Schrägstrich oder der Grundstrich zu verwenden (siehe 3.3.4).

Bei der Verwendung eines Textverarbeitungssystems ist entweder ein „Formel-Editor" oder der Schrägstrich als Bruchstrich zu verwenden.

3.2.5.1 Schrägstrich als Bruchstrich

Vor und nach dem Schrägstrich ist kein Leerzeichen zu setzen.

> Die Tantiemenaufteilung ist wie folgt geregelt: 1/3 für den
> Vorsitzenden, 1/5 für den Stellvertreter, der Rest zu gleichen
> Teilen für die übrigen Mitglieder.

Bei gemischten Zahlen ist zwischen der ganzen Zahl und dem Bruch ein Leerzeichen zu setzen.

> Die Verzinsung lag bei 3 5/8 %.

3.2.5.2 Grundstrich als Bruchstrich

Der Grundstrich ist um eine halbe Zeilenschaltung höher zu schreiben. Er hat mit dem ersten Zeichen des Bruches zu beginnen und mit dem letzten Zeichen des Bruches zu enden. Vor und nach Zeilen mit Brüchen, die mit dem Grundstrich gebildet werden, sind 1 1/2 Zeilenschaltungen zu setzen.

> Der Wert des Bruches bleibt unverändert, wenn man Zähler und
> Nenner mit derselben Zahl multipliziert. Wird beispielsweise
> der Bruch $\frac{7}{15}$ mit 9 erweitert, so ergibt dies $\frac{63}{135}$. Man spricht
> vom Erweitern eines Bruches.

> Der Wert des Bruches bleibt unverändert, wenn man Zähler und Nenner mit derselben Zahl
> multipliziert. Wird beispielsweise der Bruch $\frac{7}{15}$ mit 9 erweitert, so ergibt dies $\frac{63}{135}$. Man
> spricht vom Erweitern eines Bruches.

$$\frac{850 \cdot 6}{25} = 34 \cdot 6 = 204$$

$$\frac{850 \cdot 6}{25} = 34 \cdot 6 = 204$$

Die Verwendung eines Grundstriches als Bruchstrich ist in der Textverarbeitung nicht gestattet. Stattdessen ist eine Software oder ein Modul des Textverarbeitungsprogrammes zu verwenden, das die Erstellung von Formeln unterstützt.

3.2.6 Gedankenstrich

Als Gedankenstrich ist der Mittestrich oder der Halbgeviertstrich zu verwenden, wobei vor und nach diesem je ein Leerzeichen zu setzen ist. Satzzeichen (z. B. Komma, Doppelpunkt) folgen dem zweiten Gedankenstrich ohne Leerzeichen.

```
Art und Ausführung des Schriftstücks –
auch einer kurzen Mitteilung –
kennzeichnen den Absender.

Er verließ – im Gegensatz zu Paul –,
seine Heimatstadt.

Ich fürchte – hoffentlich mit Unrecht! –,
dass ...
```

3.2.7 Klammern

Vor der Anfangs- und nach der Schlussklammer ist je ein Leerzeichen zu setzen; nach der Anfangs- und vor der Schlussklammer ist kein Leerzeichen zu setzen.

3.2.7.1 Runde Klammern

```
Die Frachtgebühren (DEM 912,50) sind innerhalb von 3 Tagen zu
bezahlen.

Frankfurt (Oder)
```

Die Leerzeichen vor der Anfangs- und nach der Schlussklammer entfallen bei Klammern im Wortinneren.

```
Gemeinde(amts)vorsteher
```

Klammern können auch zum Zusammenfassen mehrerer Zeilen verwendet werden. In diesem Fall ist zwischen Klammer und dem nächststehenden Wortanfang oder Wortende ein Leerzeichen zu setzen.

```
Montag       )
Mittwoch     )  Ordination 15:00 – 17:00 Uhr
Donnerstag   )

               ( Leitung
               ( Buchführung
Vertriebs-     ( Kontrolle
               ( Korrespondenz
```

In Gliederungen mit Kleinbuchstaben ist die Schlussklammer zu verwenden.

```
a) Vorname
b) Nachname
c) ...
```

Absatznummern sind vorzugsweise einzuklammern.

3.2.7.2 Eckige Klammern, Spitzklammern und geschwungene Klammern

```
Sieb[en]tens, Zitat: "Die Theateraufführung [gemeint ist die
Veranstaltung am 1994-04-11] war sehr beeindruckend."
Die Tasten <Entfernen> und <Einfügen> sind Funktionstasten des
Editierbereichs.
```

Eckige Klammern, Spitzklammern und geschwungene Klammern können zur Abstufung gegenüber runden Klammern dienen.

```
Mit dem Wort "Bankrott" (vom italienischen "banca rotta" [zu-
sammengebrochene Bank]) bezeichnet man die Zahlungsunfähigkeit.
```

In lexikalischen Werken dienen die Klammern auch zur Merkmalsklassifizierung: In eckigen Klammern steht die Aussprache, in Spitzklammern die Herkunftssprache und in runden Klammern die Bedeutung.

```
Spot [ßpot] der; -s, -s <engl.> (Werbekurzfilm)
```

Je nach Zeichenumfang der Textverarbeitung sind anstelle der runden Klammer beim Zusammenfassen mehrerer Zeilen sinngemäß die Klammerkomponenten ⌊, ⟨,
⌈, ⌉, ⟩, ⌋ zu verwenden.

```
Montag      ⎫
Mittwoch    ⎬ Ordination 15:00 – 17:00 Uhr
Donnerstag  ⎭
```

3.2.8 Komma, Semikolon und Satzschlusszeichen
Vor den nachstehenden Zeichen ist kein Leerzeichen zu setzen; nach diesen Zeichen ist ein Leerzeichen zu setzen, außer es folgt eine Schlussklammer oder ein Schlussanführungszeichen.

3.2.8.1 Komma

```
Im Rahmen der Rationalisierung ist vor allem zu prüfen, durch
welche Maßnahmen Kosten gesenkt werden können.
```

3.2.8.2 Semikolon

```
Der plötzlich drohende Zusammenstoß wurde vermieden; daher at-
mete jeder dankbaren Herzens auf.
```

3.2.8.3 Punkt

"Leb' wohl". Bei diesen Worten reichte er mir die Hand. Nun trennten sich unsere Wege.

3.2.8.4 Doppelpunkt

Das Thema des Vortrages lautet: "Die Grenzen der Werbung".

3.2.8.5 Ausrufezeichen

"Na! Na! So passen Sie doch auf!", tönte es mir entgegen.

3.2.8.6 Fragezeichen

Warum hat er nichts dagegen unternommen? Er wurde doch immer wieder auf dieses Problem hingewiesen.

3.2.9 Silbentrennung durch Mittestrich (Silbentrennungsstrich)

Zum Abteilen von Wörtern ist der Mittestrich ohne Leerzeichen an den vorangehenden Wortteil anzuschließen. Mehr als fünf aufeinanderfolgende mit einem Abteilungszeichen schließende Zeilen sollten vermieden werden.

Er arbeitet zufrieden als Sachbearbeiter in einer Versicherungsgesellschaft. In seiner Freizeit leistet er Hilfe in seiner Pfarrgemeinde.

3.2.10 Zeichen in Streckenangaben

Als Zeichen in Streckenangaben ist der Mittestrich zu verwenden, wobei vor und nach diesem je ein Leerzeichen zu setzen ist.

Der Zug fährt die Strecke Hamburg – Hannover – München.

3.2.11 Schrägstrich als Trennungsstrich

Vor und nach dem Schrägstrich als Trennungsstrich ist kein Leerzeichen zu setzen.

Herr Haasse arbeitet in der Abteilung DMF 412/21.

Die Schreibweise des Datums und/oder der Tageszeit ist in DIN EN 28601 geregelt.

Wir ersuchen um Bezahlung der Rechnung 286/91.

Bei der Angabe der Nummer einer Wohnung in einem Haus wird als Trennungsstrich ein doppelter Schrägstrich verwendet. Vor und nach diesen ist ein Leerzeichen zu setzen.

Er wohnt in Parkallee 14 // W 182.

3.3 Ziffern und Zahlen

Im Fließtext sind vorzugsweise die Zahlen eins bis zwölf in Buchstaben, die Zahlen von 13 aufwärts in Ziffern auszudrücken. Zahlen unter 13 werden in Ziffern ausgedrückt, wenn sie in Verbindung mit Einheiten stehen und wenn es wegen besserer Übersichtlichkeit zweckmäßig erscheint. Auf eine einheitliche Schreibweise ist Bedacht zu nehmen.

3.3.1 Dezimalzahlen

In Dezimalzahlen ist als Dezimalzeichen das Komma zu verwenden. Vor und nach dem Dezimalzeichen darf kein Leerzeichen gesetzt werden.

365,18	0,75

Bei ganzen Zahlen dürfen das Dezimalzeichen und nachfolgende Nullen entfallen.

365	10

3.3.2 Gliederungen

Zahlen mit mehr als drei Stellen links oder rechts des Kommas dürfen durch je ein Leerzeichen oder einen Punkt in dreistellige Gruppen gegliedert werden (Gliederung von Geldbeträgen siehe 3.3.5.2). Ein Zeilenumbruch in der Gliederung ist nicht zulässig.

$$\pi = 3,141\ 592\ 653\ 589$$

5 836 535,00	oder	5.836.535,00

3.3.3 Aufstellungen mit Zahlen

Arabische Ziffern sind ihrem Stellenwert entsprechend untereinander zu schreiben. Die Zahlenaufstellung wird nach dem letzten Schriftzeichen jeder Zahlengruppe ausgerichtet. Dezimalzeichen muss jedoch unter Dezimalzeichen stehen.

DEM 15.328,00	9 824,3 km	Nr. 26/95
DEM 2.711,50	16 712,4 km	" 318/95
DEM 15.648,30	37,0 km	" 1203/95

Bei Brüchen, die mit Schrägstrich dargestellt werden, sind die Einerstellen der ganzen Zahlen und die Bruchstriche untereinander zu schreiben.

4	5/8
13	11/12
5	1/3

Römische Zahlen sind rechtsbündig untereinander zu schreiben.

I
II
III
IV

Zur Schreibweise römischer Ziffern und Zahlen siehe 3.3.9.

3.3.4 Bruchzahlen und gemischte Zahlen

3.3.4.1 Bruchzahlen

Wird als Bruchstrich ein Schrägstrich verwendet, so sind Zähler und Nenner in gleicher Höhe zu schreiben. Vor und nach dem Schrägstrich ist kein Leerzeichen zu setzen.

Bei manchen Textverarbeitungssystemen werden Sonderzeichen z. B. für $^1/_2$ und $^1/_4$ zur Verfügung gestellt. Zähler und Nenner müssen in diesem Fall nicht in gleicher Höhe geschrieben werden.

5/6	11/12	29/360

Wird als Bruchstrich der Grundstrich (nur zulässig bei maschingeschriebenen Texten) verwendet, so ist der Zähler um eine halbe Zeilenschaltung höher und der Nenner um eine halbe Zeilenschaltung tiefer zu schreiben. Vor und nach solchen Brüchen liegende Rechenzeichen bleiben in der ursprünglichen Zeilenhöhe.

Der Abstand zur vorangehenden und zur nachfolgenden Zeile beträgt $1^1/_2$ Zeilenschaltungen (siehe 3.2.5.2).

Wird in der Textverarbeitung mittels Formel-Editor eine Bruchzahl in den Fließtext eingebunden, so ist auf einen einheitlichen Zeilenabstand Wert zu legen. Für Zähler und Nenner ist ein gegenüber dem Fließtext geringerer Schriftgrad gestattet, solange die Mindestschrifthöhe nicht unterschritten wird. Wird die Mindestschrifthöhe unterschritten, ist entweder als Bruchstrich der Schrägstrich zu verwenden oder im Falle einer Gleichung diese als eigener Absatz zu schreiben.

Zähler und Nenner sind nach Möglichkeit zueinander zu zentrieren; der Bruchstrich beginnt mit dem ersten Zeichen und endet mit dem letzten Zeichen des Bruches.

$$Z = \frac{K \cdot p \cdot t}{100}$$

$$B = \frac{(13x + 1) \cdot 18y}{4} + 5$$

3.3.4.2 Gemischte Zahlen

Bei gemischten Zahlen ist zwischen der ganzen Zahl und dem folgenden Bruch ein Leerzeichen zu setzen. Ein Zeilenumbruch zwischen der ganzen Zahl und dem folgenden Bruch ist nicht zulässig.

1 5/6	3 11/12	15 29/360

3.3.5 Zahlen und Zahlenreihen

3.3.5.1 Abschnittsnummern (Dekadische Gliederung)

Als Abschnittsnummern sind arabische Ziffern zu verwenden. Alle Abschnittsnummern haben an derselben Fluchtlinie zu beginnen. In der Abschnittskennzeichnung sind die einzelnen Abschnittsnummern durch Punkte (ohne Leerzeichen) zu trennen; am Ende ist kein Punkt zu setzen.

Bei Aufstellungen und Inhaltsverzeichnissen sind die Abschnittsüberschriften bzw. Abschnittsbezeichnungen an einer Fluchtlinie mindestens zwei Leerzeichen nach der längsten Abschnittsnummer zu schreiben.

3.3.5.2 Geldbeträge

Geldbeträge mit mehr als drei Stellen können, vom Dezimalzeichen ausgehend, durch jeweils einen Punkt in Gruppen zu je drei Ziffern gegliedert werden.

Die Währungsbezeichnung kann entweder vor oder auch nach dem Betrag stehen; es darf unterführt werden. In fortlaufendem Text sollte sie hinter dem Betrag stehen.

Die internationale dreistellige Bezeichnung nach DIN EN 24217 ist vorzugsweise (bei Schriftverkehr mit dem Ausland) anzuwenden (siehe Tabelle C.1, Anhang C).

```
DM  5.863.530,00          DEM  846.647.468,25
    5.863.530,00 DM            USD 510,20
```

Allgemein ist für Codes für Ländernamen die DIN EN 23166 (siehe Tabelle B.1, Anhang B) anzuwenden; eine Ausnahme ist das Kfz-Unterscheidungszeichen für Postleitzahlen (siehe Tabelle B.2 in Anhang B).

Bei runden Geldbeträgen oder ungefähren Werten darf die Kennzeichnung fehlender dezimaler Teile der Einheit entfallen.

```
       5.865.000 DM
über 60.000 DM Einkommen
Preis ungefähr 8 DM
```

3.3.5.3 Mengen- und Maßangaben

Mengen- und Maßangaben mit mehr als drei Stellen können, vom Dezimalzeichen ausgehend, durch jeweils ein Leerzeichen in Gruppen zu je drei Ziffern gegliedert werden. Der Punkt als Gliederungszeichen ist nur bei Geldbeträgen zulässig.

Bei runden Zahlen oder ungefähren Werten darf die Kennzeichnung fehlender dezimaler Teile der Einheit entfallen.

Zahl und nachfolgende Einheitenbezeichnung dürfen am Zeilenende nicht getrennt werden.

```
11 438,73 m       11 438,728 m
          5 836 535 m³
     Der Berg ist 2498 m hoch.
```

```
Die Stadt hat 12 516 Einwohner, das sind um 3 015 mehr als im
Vorjahr.
```

3.3.5.4 Telefonnummer, Telefaxnummer, Telexnummer, T-Online

Die Gliederung von Telefonnummer und Telefaxnummern (Telefax, Fax oder Tfx) erfolgt von rechts beginnend zweistellig gegliedert. Die Ortsnetzkennzahl (Vorwahlnummer) wird immer in Klammern gesetzt.

Die Nummer der Durchwahl wird nach einem Mittestrich ohne Leerzeichen angeschlossen.

Der Zifferteil in der Telexnummer (Telex oder Tx) wird ungegliedert angegeben, danach folgen ein Leerzeichen, der Buchstabenteil, ein Leerzeichen und das Kennzeichen.

Die Gliederung von T-Online-Nummern (bisher Datex-J oder Btx) erfolgt von rechts beginnend zweistellig. Die Ortsnetzkennzahl (Vorwahl) bleibt ungegliedert und wird nicht in Klammern gesetzt.

Tabelle 4: Gliederung von Telefon-, Telefax-, Telexnummern und T-Online

Telefonnummer	
Einzelanschluss ohne Durchwahl	1 23, 15 32, 65 43 21
	(0 60 68) 87 65
	(01 72) 3 70 14 58
Durchwahlanlage	
– Zentrale Abfragestelle	(0 12 34) 1 23-0
	(0 62 51) 5 43-1
	(0 12 34) 8 10-01
– Durchwahlanschluss	(0 12 34) 1 23-67 89
	(0 62 51) 25 43-6 93
International*	+49 61 51 89-0
Telefaxnummer (Telefax, Fax oder Tfx)	
Einzelanschluss	(0 30) 98 76 84
Durchwahlanschluss	(039 84) 47-11 74
International*	+49 30 26 01 12 31
* Die länderbezogene Zusatznummer kann durch das Zeichen + vor der Landeskennzahl dargestellt werden.	

(fortgesetzt)

Tabelle 4 (Abschluss)

Telexnummer	
Einzelanschluss	831573 SAP d
Durchwahlanlage	
– Zentraler Empfangsplatz	92371-0 bpm d
– Durchwahlanschluss	92371-31 bpm d
T-Online (bisher Datex-J oder Btx)	
Hauptanschluss	0228 14 47 11-1
Durchwahlanschluss	06068 3 21-4 89
International*	+49 221 14 47-11
* siehe Seite 56	

3.3.6 Datum- und Zeitangabe

Für eine umfassende Übersicht siehe Anhang D.

3.3.6.1 Alphanumerische Schreibweise

Im Fließtext sollte das Datum alphanumerisch geschrieben werden (z. B. 13. Februar 1996).

Monatsnamen sind bei Bedarf einheitlich auf 4 Stellen (einschließlich Abkürzungspunkt) abzukürzen.

`13. Februar 1996`		`13. Feb. 1996`

`Die Ferien werden dieses Jahr Freitag, den 6. Juli beginnen.`
`Die Ferien werden dieses Jahr am Freitag, dem 6. Juli, beginnen.`

3.3.6.2 Numerische Schreibweise

Wenn das Datum numerisch geschrieben werden soll, etwa in Vordrucken, Aufstellungen, in der Bezugszeichenzeile oder im Bezugszeichenblock, wird es nach DIN EN 28601 in der Reihenfolge Jahr–Monat–Tag mit Mittestrich gegliedert. Tag und Monat werden zweistellig angegeben.

`1996-12-04`	`96-12-04`	`1996-09-14`

3.3.6.3 Zeitangabe

Nichtdezimale Gliederung von Zeitangaben:

Bei Angabe der Uhrzeit in Stunden und Minuten oder Stunden, Minuten und Sekunden ist jede Einheit mit zwei Ziffern anzugeben und mit dem Doppelpunkt zu gliedern.

`Ankunft: 05:30 Uhr`
`Die Digitaluhr zeigt 12:05:48 Uhr`
`Er ging um 8 Uhr ins Büro.`
`Das Geschäft ist bis 24:00 Uhr offen.`
`Um 00:05 Uhr begann das Feuerwerk.`

Dezimale Gliederung von Zeitangaben:
Als Gliederungszeichen ist das Dezimalzeichen (Komma) zu verwenden.

| Laufbestzeit: 52,54 s | Tagesbestzeit: 2 h 13 min 18,05 s |

3.3.7 Summen

3.3.7.1 Summenstrich

Bei einzeiligem Schreiben ist der Summenstrich mit dem Grundstrich ohne Zeilenschaltung oder mit dem Mittestrich nach einem Zeilenschritt unter der letzten Zahl
in der Länge der längsten Zahl einschließlich einer eventuellen Einheitenbezeichnung und eines etwaigen Rechenzeichens zu schreiben.

In der Textverarbeitung ist der Summenstrich mit der Funktion „Unterstreichen"
ohne Zeilenschaltung, mit dem Mittestrich nach einem Zeilenschritt oder Grafik-
linien bzw. unter Einsatz von Tabellenfunktionen unter der letzten Zahl in der Länge
der längsten Zahl einschließlich einer eventuellen Einheitenbezeichnung und eines
etwaigen Rechenzeichens zu schreiben.

3.3.7.2 Summe

Bei der Verwendung des Grundstriches als Summenstrich ist die Summe einein-
halb Zeilenschritte unter dem Summenstrich, bei Verwendung des Mittestrichs als
Summenstrich ist die Summe einen Zeilenschritt unter dem Summenstrich zu
schreiben. Die Einheitenbezeichnung muss zumindest in der ersten Zeile und beim
Ergebnis stehen, Rechenzeichen sind ausgerückt zu setzen.

3.3.7.3 Summenabschlussstrich

Wenn der Summenabschlussstrich benötigt wird, ist er einen Zeilenschritt unter
der Summe mit dem doppelten Grundstrich oder mit aneinandergereihten
Gleichheitszeichen in der Länge des Summenstrichs zu schreiben.

```
DM  14.782,00      DM  14.782,00       317 km
"        0,40      DM       0,40       422  "
"      364,50      DM     364,50        13  "           4210 kg
"  540.390,00      DM 540.390,00       899  "       -     40 kg
---------------    ---------------    --------       --------
DM 555.536,90      DM 555.536,90      1651 km         4170 kg
=============      =============      =======        ========
```

```
 14.782,00 DM       2.000 DM          1,250
      0,40  "        3.000 DM        321,057
    364,50  "        5.000 DM          0,003
540.390,00  "       --------         -------
---------------                      322,310
555.536,90  "
```

Zeichen für Einheiten dürfen unterführt werden.
Die Summe muss auf jeden Fall mit Einheitenzeichen geschrieben werden.

3.3.8 Zahlen als Wortteile

Zahlen als Wortteile sind ohne Leerzeichen dem nachfolgenden Wortteil voranzustellen.

> Das Büro befindet sich im 5. Stock eines 14stöckigen Gebäudes.

> Wir ersuchen um Übersendung in 5facher Ausfertigung.

> Der Begriff "10er-Teilung" bedeutet 10 Zeichen pro Zoll.

3.3.9 Römische Zahlenzeichen

Die römischen Zahlenzeichen sind: I (= 1), V (= 5), X (= 10), L (= 50), C (= 100), D (= 500), M (= 1000), A (= 5000).
Grundsätzlich ist zu beachten: Die Zeichen I, X, C, M, A können bei Zahlenangaben wiederholt nebeneinander gesetzt werden, die Zeichen V, L, D dagegen nicht. Gleiche Zeichen sollten nicht mehr als dreimal nebeneinander gesetzt werden. Sie werden zusammengezählt:

III = 3	CC = 200	MM = 2000

Steht das Zeichen für eine kleinere Einheit rechts neben dem Zeichen einer größeren Einheit, werden beide Zahlenwerte zusammengezählt:

VI = 4	XII = 12	MDCL = 1650

Steht das Zeichen für eine kleinere Einheit links neben dem Zeichen einer größeren Einheit, wird der kleinere Zahlenwert von dem größeren abgezogen:

VI = 4	IX = 9	MCM = 1900

3.4 Größenangaben und Formeln

Für die Formelschreibweise und den Formelsatz gilt DIN 1338.

Tabelle 5: Verwendung geradstehender und kursiver Zeichen

Gegenstand	Schriftlage	Beispiele	Hinweise
Zahlen in Ziffern geschrieben	geradestehend	$1{,}32 \cdot 10^6$; $\frac{2}{3}$; 3/4; 6 r^2 k_0; a_{23}; 625fach	Die Festlegungen gelten auch für römische Zahlzeichen. Ziffern zum Bezeichnen von Bildeinzelheiten werden nach DIN 461 kursiv gesetzt. Beispiel: *1* Ölsonde B 6 *2* Ölpumpe *3* 500 m² große Ölschlammfläche

(fortgesetzt)

Tabelle 5 (Abschluss)

Gegenstand	Schriftlage	Beispiele	Hinweise
durch Buchstaben dargestellt (allgemein)	kursiv	$\sqrt[n]{3}$; (a_{ik}); n-fach; 2^n $\sum\limits_{i=1}^{m} k_{ih}$ für h = 1, 2 ... n	
durch Buchstaben dargestellt (bei konventioneller Bedeutung)	gerade-stehend	$\pi = 3{,}141\ 59\ ...$ $e = 2{,}718\ 28\ ...$ $i = j = \sqrt{-1}$	In mathematischer Literatur werden π, e und i vielfach kursiv gesetzt.
Formelzeichen für physikalische Größen	kursiv	M (Kraftmoment) m (Masse) C (Kapazität) F (Kraft) μ (Permeabilität)	Siehe DIN 1304-1 Bezüglich Vektoren und Tensoren (halbfett zu setzen) und komplexer Größen (zu unterstreichen) siehe DIN 1303 bzw. DIN 5483-3.
Zeichen für Funktionen und Operatoren Zeichen, deren Bedeutung frei gewählt werden kann (freie Zeichen)	kursiv	$f(x)$; $g(x)$; $\varphi(x)$; $u(x)$ $L(y) = y'' + f_1 y' + f_0 y$	
Zeichen mit konventioneller Bedeutung (konventionelle Zeichen)	gerade-stehend	d; ∂; Δ; $\int$; Σ; Π div; lim; Re (Realteil) sin; lg; Γ (Gammafunktion) exp; ln; δ (Delta-Distribution)	In mathematischer Literatur werden die nur aus einem Buchstaben bestehenden Funktions- und Operatorzeichen vielfach kursiv gesetzt.
Zeichen für Einheiten	gerade-stehend	Einheiten ohne Vorsätze: m (Meter) C (Coulomb) F (Farad) Einheiten mit Vorsätzen: mm (Millimeter) µF (Mikrofarad) MHz (Megahertz)	Siehe DIN 1304-1
Symbole für Chemie und Atomphysik	gerade-stehend	Fe (Eisen) H_2SO_4 (Schwefelsäure) e^- (Elektron) p (Proton) α (Alphateilchen)	Chemische und atomphysikalische Angaben an den Symbolen der Elemente siehe DIN 1338, Abschnitt 3.4.
Wortabkürzungen	gerade stehend	OZ (Octanzahl) DM (Deutsche Mark) BER (bit error ratio)	Gilt auch für pH-Wert (siehe DIN 19260)

Notizen

4 Briefhüllen und deren Beschriftung

4.1 Briefhüllen

Es wird zwischen Form-U-Briefumschlag, wo die Verschlussklappe entlang der Längsseite sich befindet, und Format-T-Versandtasche, wo die Verschlussklappe entlang der Schmalseite sich befindet, unterschieden.
In Tabelle 6 sind die gängigen Formate der Briefhüllen nach DIN 678-1 sowie das Format der Einlage und deren Faltung festgelegt.

Tabelle 6: Formate von Briefhüllen und deren Einlagen

Briefhüllenformat		Gebräuchliches Einlagenformat	
Kurzzeichen	Abmessungen *) in mm	Kurzzeichen	Abmessungen in mm
C6	114 x 162	A6	105 x 148
DL	110 x 220	1/3 A4 quer **)	105 x 210
C6/C5	114 x 229	1/3 A4 quer **)	105 x 210
C5	162 x 229	A5	148 x 210
C4	229 x 324	A4	210 x 297
B6	125 x 176	C6	114 x 162
B5	176 x 250	C5	162 x 229
B4	250 x 353	C4	229 x 324
E4	280 x 400	B4	250 x 353

*) Toleranz: ± 1,5 mm

**) Format A4 zweimal quergefaltet. Es ist auf die Faltmarken nach Form A und Form B zu achten.

Briefhüllen in den Formaten C6, DL, C6/C5, C5 und C4 werden auch als Fensterbriefhüllen ausgeführt. Fensterbriefhüllen sind auch für den Flugpostverkehr zugelassen.

4.2 Beschriftung von Briefumschlägen

4.2.1 Empfängeranschrift

Falls keine Fensterbriefhülle verwendet wird (siehe DIN 680), muss die Empfängeranschrift in das „Feld für die Anschrift des Empfängers" nach DIN 5008 geschrieben werden, siehe Bild 15.

4.2.2 Absenderangabe

Die Absenderangaben, sofern sie auf der Vorderseite der Briefhülle stehen, postalische Klebezettel und Vermerke müssen in der linken oberen Ecke geschrieben werden. Dabei muss ein rechteckiges Feld mit 40 mm Höhe, ausgehend vom oberen Rand, und mit 74 mm Länge, ausgehend vom rechten Rand der Briefhülle, für die Freimachung und für Stempelabdrucke frei bleiben.

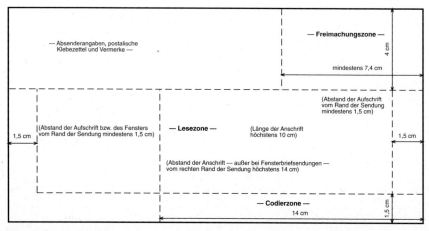

Bild 15: Gliederung der automatisationsgerechten Aufschriftenseite einer Standardbriefsendung

4.3 Arten von Faltungen

Die folgenden Darstellungen geben einen Überblick über die verschiedenen Möglichkeiten, ein A4-Blatt zu falten.

Beim Einfachfalz wird das Blatt auf A5 halbiert, beim Kreuzfalz auf A6 geviertelt und beim Leporello- und Wickelfalz in der Querrichtung an den Faltmarken gefalzt oder ungefähr gedrittelt.

Um auf das Einlagenformat für Briefhüllen im Format C6 zu kommen, wird ein A4-Blatt in der Querrichtung an den Faltmarken nach Form A oder Form B gefalzt oder ungefähr gedrittelt und in der Längsrichtung in einem Abstand von 148 mm vom linken Blattrand gefalzt.

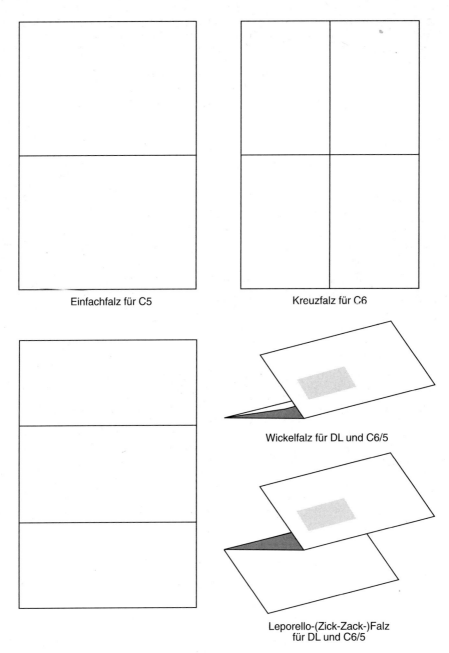

Einfachfalz für C5

Kreuzfalz für C6

Wickelfalz für DL und C6/5

Leporello-(Zick-Zack-)Falz
für DL und C6/5

Bild 16: Darstellung der Arten von Faltungen

Notizen

5 Richtlinien für das Phonodiktat

Die Richtlinien für schreibgerechtes Diktieren auf Ton- und Datenträger sollen die Verständigung zwischen Diktierenden und Schreibenden sowie Spracherkennungssystemen fördern und der Arbeitsvereinfachung dienen.

Gewisse Elemente wie z. B. das Buchstabieren können auch für das Telefonieren von Nutzen sein.

Phonodiktate sind schreibgerecht, wenn der Diktierende

- die Arbeitsabläufe der Textverarbeitung berücksichtigt,
- für die nötigen Hinweise die im Folgenden festgelegten Konstanten und Anweisungen anwendet,
- klar und deutlich spricht.

5.1 Technische Hinweise

5.1.1 Tonträger

Tonträger sind nach ihrer Verarbeitung zu löschen, wenn keine anderen Anordnungen oder Vereinbarungen bestehen.

5.1.2 Mikrophonhaltung

Der richtige Abstand zwischen Sprecher und Mikrophon sollte ca. 5 cm bis 10 cm betragen. Damit Anfangs- und Endsilben nicht abgeschnitten werden, ist zwischen Betätigen des Start-Schalters und Sprechbeginn bzw. Sprechende und Betätigen des Stopp-Schalters eine kurze Pause zu machen.

5.1.3 Nebengeräusche

Nebengeräusche sind so gering wie möglich zu halten. Bei starkem Umgebungslärm sollte der Diktierende den Sprechabstand verringern und leiser sprechen.

5.2 Grundlagen

5.2.1 Sprechweise

Die gewohnte Sprechgeschwindigkeit, Stimmlage und Betonung sowie die natürlichen Sprechpausen sollten beibehalten werden.

5.2.2 Aussprache

Auf klare Aussprache ist besonders zu achten.

Endungen und Wortteile dürfen nicht verschluckt werden.

Um Hörfehler zu vermeiden, ist es zulässig, statt zwei „zwo", Juni „Juno" und statt Juli „Julei" zu diktieren.

5.2.3 Anweisungen

Anweisungen sind beispielsweise Hinweise zum Hervorheben und Buchstabieren. Sie werden durch „Stopp" (z. B. Stopp – Kursivschrift ...) eingeleitet und durch „Text" beendet.

Typische Anweisungen sind z. B. Fettschrift, Kursivschrift, Unterstreichen, Zentrieren, Einrücken, Buchstabieren, Tabelle, Aufstellung, Grafik.

In den folgenden Beispielen steht der Mittestrich für eine empfohlene Sprechpause. Konstanten und Anweisungen sind in Kursivschrift hervorgehoben.

Beispiel:

Bitte schicken Sie diesen Brief – *Stopp* – *Kursivschrift* – ohne Anlage – *Text* – an Herrn – *Stopp* – *ich buchstabiere Scherwinski* – *Cäsar Zacharias Emil Richard Wilhelm Ida Nordpol Samuel Kaufmann Ypsilon* – *Text* in Berlin – *Punkt*

```
Bitte schicken Sie diesen Brief ohne Anlage an Herrn
Czerwinsky in Berlin.
```

Sollen während des Diktates besondere Anweisungen gegeben werden, die sich auf Anordnungen, Schreibweise, mehrfache Wiederholungen o. Ä. beziehen, können sie zwischen „Stopp" und „Text" frei formuliert werden.

Beispiel:

Stopp – *es folgt eine dreistufig gegliederte Inhaltsübersicht* – *Text* – eins – Zweck der Organisation – zwo – Elemente der Organisation – zwo eins – Organisationsträger – zwo eins eins – Die Organisationseinheit – zwo eins zwo – Die Organisationseinzelträger – *Stopp* – *Ende der Übersicht* – *Text*

```
1       Zweck der Organisation
2       Elemente der Organisation
2.1     Organisationsträger
2.1.1   Die Organisationseinheit
2.1.2   Die Organisationseinzelträger
```

5.2.4 Konstanten

Konstanten sind anzusagende feststehende Benennungen, die aus DUDEN und DIN 5008 (siehe Abschnitte 1 bis 3) bekannt sind. Konstanten werden nicht durch „Stopp" und „Text" eingegrenzt.

Konstanten sind z. B.:

Absatz	Klammer auf
Anführungszeichen	Klammer zu
Anschrift	klein
Apostroph	Komma
Ausrufezeichen	Kommunikationszeile
Betreff	leer (Leerzeichen)
Bezugszeichen	nächstens, nächster Punkt
Diktatende	neue Zeile
Doppelpunkt	Punkt
Ende dieses Schriftstückes	römisch
Fragezeichen	Schrägstrich
groß	Semikolon
halbes Anführungszeichen	Summenstrich
hoch	tief
Informationsblock	Versendungsform

Werden Kommas angesagt, müssen sie im gesamten Diktat – nicht nur gelegentlich – angesagt werden.

Beispiel:

Die Konstante – *Anführungszeichen* – nächstens – *Anführungszeichen* – *Klammer auf* – Gleichheitszeichen – nächster Punkt – *Klammer zu* – wird in Aufzählungen verwendet – *Punkt*

```
Die Konstante „nächstens" (= nächster Punkt) wird in
Aufzählungen verwendet.
```

Der Artikel – *klein Anton* – *Schrägstrich* – zehn folgt – *Punkt*

```
Der Artikel a/10 folgt.
```

klein Kaufmann – *klein Richard* – *Bindestrich* – *klein Martha*

```
kr-m
```

5.2.5 Buchstabieren

Nicht allgemein bekannte Abkürzungen, Eigennamen, Fachausdrücke und wenig gebräuchliche Wörter sind zu buchstabieren.

Beim Buchstabieren ist immer vorher das ganze Wort anzusagen.

ANMERKUNG: Es wird empfohlen, in „Zweiergruppen" zu diktieren. Für den Schreibenden bedeutet das eine wesentliche Erleichterung. Die Praxis zeigt, dass so buchstabierte Wörter besser verstanden werden.

Postalische Buchstabiertafel ergänzt um ß:

A	Anton	J	Julius	Sch	Schule
Ä	Ärger	K	Kaufmann	ß	Eszett
B	Berta	L	Ludwig	T	Theodor
C	Cäsar	M	Martha	U	Ulrich
Ch	Charlotte	N	Nordpol	Ü	Übermut
D	Dora	O	Otto	V	Viktor
E	Emil	Ö	Ökonom	W	Wilhelm
F	Friedrich	P	Paula	X	Xanthippe
G	Gustav	Q	Quelle	Y	Ypsilon
H	Heinrich	R	Richard	Z	Zacharias
I	Ida	S	Samuel		

Beispiele:

Stopp ich buchstabiere Joule   Julius Otto Ulrich Ludwig Emil

Stopp ich buchstabiere kWh   klein Kaufmann groß Wilhelm klein Heinrich

Stopp ich buchstabiere Quäker   Quelle Ulrich Ärger Kaufmann Emil Richard

5.2.6 Ziffern, Zahlen und Daten

Zahlen und alphanumerische Daten, die für die Schreibenden keine Begriffe darstellen, werden ziffern- bzw. buchstabenweise von links angesagt. Davon ausgenommen sind im Allgemeinen Kalenderdaten, Währungsbeträge, Längen (Maße) und Massen (Gewichte).

Beispiele:

zwo neun   sechs vier

> 2964

tausend (nicht eintausend – zur Unterscheidung von neuntausend)

> 1000

neunzehnhundertsechsundneunzig – *Bindestrich* – null sieben – *Bindestrich* – vierzehn

> 1996-07-14

Vierzehnter Julei neunzehnhundertsechsundneunzig

> 14. Juli 1996

siebenhundert – *Komma* – fünfzig

> 700,50

Sind Zahlen anzusagen, in denen Leerzeichen vorkommen, dann ist für deren Ansage die Konstante „leer" zu verwenden.

Beispiel:

Kontonummer neun zwo eins – leer – drei null eins – leer – eins acht fünf

> Kontonummer 921 301 185

5.3 Beispiel für einen Diktatablauf

Bei Einhaltung des folgenden Diktatablaufs – der interne Regelungen nicht ausschließt – werden die Arbeitsabläufe beim Übertragen des Phonodiktats in Maschinenschrift berücksichtigt.

1. Name des Diktierenden
   Am Anfang eines Diktates sollte immer der Name des Diktierenden angesagt werden.

2. Abteilungs- oder Bereichsbezeichnung

3. Gebäude, Zimmer-Nr., Hausruf usw.

4. Zu verwendender Vordruck

5. Beigefügte Unterlagen
   (z. B. Vorgang, Konzept für Aufstellungen und Tabellen)

6. Verarbeitungsart
   (z. B. Entwurf oder Reinschrift)

7. Versendungsform
   (z. B. Eilzustellung, Einschreiben)

8. Anschrift
   Sie kann in Kurzform angesagt werden, wenn dem Schreibauftrag der Vorgang beiliegt.

9. Bezugszeichen
   Sie werden in der Reihenfolge Ihr Zeichen, Ihre Nachricht vom ...; Unser Zeichen, Unsere Nachricht vom ... usw. angesagt

10. Betreff
    Die Betreffangabe wird mit der Konstanten „Betreff" eingeleitet, obgleich das Wort „Betreff" nicht geschrieben wird, auch dann nicht, wenn es nicht vorgedruckt ist.

11. Anrede

12. Text

13. Gruß

14. Anlagenvermerk
    Der Anlagenvermerk wird mit „Anlage(n)" eingeleitet.

15. Verteilervermerk

16. Ende dieses Schriftstückes

17. Anzahl der Kopien

18. Diktatende

Art und Umfang der Archivierung des Schriftstückes ist durch interne Regelungen festzulegen.

5.4 Ausführungsbeispiel

Hier spricht ...

Abteilung ... Telefon ...

Bitte nutzen Sie Dokumentvorlage Geschäftsbrief Form B

Anschrift – Frau – Gabriele Weinert – Am Alten Graben – zwo sechs – *Postleitzahl* – fünf neun vier neun vier – Soest

Bezugszeichen – *Unser Zeichen* – klein Friedrich klein Richard – *Bindestrich* – klein Berta klein Anton – *Telefon Name* – vier fünf – *leer* – drei acht – Herr Franke – *Datum* – neun sieben – *Bindestrich* – null zwo – *Bindestrich* – eins zwo

ANMERKUNG: Die Bezugszeichen brauchen nicht angesagt zu werden, wenn sie aus dem Vorgang ersichtlich sind.

Betreff – Einladung zum Informationstag –

Sehr geehrte Frau Weinert –

Sie haben es sicher schon gehört oder gelesen – *Doppelpunkt* – Der neue – *Stopp* – *Großbuchstaben* – Monsun – *Text* – ist auf dem Markt – ein Auto – das Ihre Wünsche an komfortables Auto fahren erfüllt – *Punkt* – Überzeugen Sie sich an unserem – *Anführungszeichen* – Tag der offenen Tür – *Anführungszeichen Absatz* – *Stopp* – *Einrücken* – *Text* –

am Sonntag – *Stopp* – *fett* – zwoter März neunzehnhundertsiebenundneunzig – *Text* – zehn bis achtzehn Uhr – *Absatz* – *Stopp* – *Fluchtlinie* – *Text* –

von den positiven Fahreigenschaften dieses Modells – *Punkt* – *Absatz*

Den Kauf Ihres neuen Autos können Sie an diesem Tag umfassend vorbereiten – *Gedankenstrich* – ohne Hektik und ohne jede Verpflichtung – *Punkt* – Unser Tipp für Sie – *Doppelpunkt* – *Absatz* – *Stopp* – *Es folgt eine Aufzählung mit dem Mittestrich als Aufzählungszeichen* – *Text* –

Informieren Sie sich über die vielen attraktiven Neuerungen – *Punkt* – *Absatz* –

Testen Sie auch die andern aktuellen Modelle – *Punkt* – *Absatz* –

Vergleichen Sie unsere günstigen Leasing – *Ergänzungsbindestrich* – und Finanzierungsvarianten – *Punkt* – *Absatz* – *Fluchtlinie* –

Kommen Sie einfach vorbei – und freuen Sie sich auf einen erlebnisreichen Tag – *Ausrufezeichen* – *Absatz* –

Mit freundlichen Grüßen – *Ende dieses Schriftstücks* – *Diktatende*

Feld für Briefkopf (Vordruck Form B nach DIN 676)

Feld für Postanschrift des Absenders

.
.
.

Frau
Gabriele Weinert
Am Alten Graben 26
.
59494 Soest
.
.
.

Ihr Zeichen, Ihre Nachricht vom	Unser Zeichen, unsere Nachricht vom	Telefon, Name (02 21) 1 73-	Datum
	fr-ba	45 38 Herr Franke	97-02-12

.
.

Einladung zum Informationstag
.
.

Sehr geehrte Frau Weinert,
.

Sie haben es sicher schon gehört oder gelesen: Der neue MONSUN ist auf dem Markt, ein Auto, das Ihre Wünsche an komfortables Auto fahren erfüllt. Überzeugen Sie sich an unserem "Tag der offenen Tür"
.

        am Sonntag, **2. März 1997**, 10:00 bis 18:00 Uhr
.

von der positiven Fahreigenschaft dieses Modells.
.

Den Kauf Ihres neuen Autos können Sie an diesem Tag umfassend vorbereiten - ohne Hektik und ohne jede Verpflichtung. Unser Tipp für Sie:
.

— Informieren Sie sich über die vielen attraktiven Neuerungen.
.

— Testen Sie auch die anderen aktuellen Modelle.
.

— Vergleichen Sie unsere günstige Leasing- und Finanzierungsvarianten.

Kommen Sie einfach vorbei, und freuen Sie sich auf einen erlebnisreichen Tag!
.

Mit freundlichen Grüßen

Feld für Geschäftsangaben
Bei Kapitalgesellschaften: Feld für gesellschaftsrechtliche Angaben

Bild 17: Ausführungsbeispiel

6 Korrekturzeichen

6.1 Hauptregeln

Eintragungen sind so deutlich vorzunehmen, dass kein Irrtum entstehen kann.

Jedes eingezeichnete Korrekturzeichen ist am Papierrand zu wiederholen. Die erforderliche Änderung ist rechts neben das wiederholte Korrekturzeichen zu schreiben, sofern das Zeichen nicht (z. B. ⌐ └┘ , ‾‾) für sich selbst spricht. Das Einzeichnen von Korrekturen innerhalb des Textes ohne den dazugehörenden Randvermerk ist unbedingt zu vermeiden. Das an den Rand Geschriebene muss in seiner Reihenfolge mit den innerhalb der Zeile angebrachten Korrekturzeichen übereinstimmen und in möglichst gleichem Abstand neben den betreffenden Zeilen untereinanderstehen.

Bei mehreren Korrekturen innerhalb einer Zeile sind unterschiedliche Korrekturzeichen anzuwenden.

Erklärende Vermerke zu einer Korrektur sind durch Doppelklammern zu kennzeichnen.

Es wird empfohlen, die Korrekturen zur besseren Unterscheidung gegenüber dem zu korrigierenden Text farbig anzuzeichnen. Auf Kopierbarkeit (auch Telefax) und Mikroverfilmbarkeit ist zu achten. Jeder gelesene Satzabzug ist zu signieren.

Durch die technische Entwicklung (z. B. Desktop Publishing) und die damit stärkere Einbindung der Illustrierung genügen die traditionellen Korrekturzeichen oft nicht (z. B. bei Umpositionierung von Abbildungen). Solange sich dafür keine eigenen Zeichen eingebürgert haben, muss die gewünschte Korrekturleistung genau beschrieben werden.

Beispiel:

(seitenverkehrt)

6.2 Anwendung

1. Falsche Buchstaben oder Wörter würden durchgestrichen und am Papierrand mit die richtigen ersetzt.

Kommen in eener Zaile mehrere sulcher Feßler ver, so erhalten sie ihrer Reihenfolge nach unterschiedliche Zeichen.

/ e
⊢ durch
⌊ i ⌊ e ⌈ o ⌈ h ⌉ o⌉ .

2. Überflüssige Buchstaben oder Wörter werden ~~durchgestrichen~~ durchgestrichen und am Papierrand durch ℐ (Abkürzung für deleatur = „es werde getilgt") angezeichnet.

/ ℐ
⊢————————/ ℐ

3. Fehlende Buchstaben werden angezeichnet, indem der vorangeende oder folgende uchstabe durchgestrichen und am Rand zusammen mit dem fehlenden Buchstaben wiederholt wird. Es kann auch das ganze Wort der die Silbe durchgestrichen und am Rand berichtigt werden.

/ eh ⌈ Bu
⊢ oder
⊢ stri

4. Fehlende oder überflüssige Satzzeichen werden wie fehlende oder überflüssige Buchstaben angezeichnet.

Beispiele:
Satzzeichen beispielsweise Komma oder Punkt
„Die Ehre ist das äußere Gewissen heißt es bei Schopenhauer „und das Gewissen die innere Ehre."

/ n,, ⌊ t.
⌈ r, ⌊ ℐ

5. Beschädigte Buchstaben werden durchgestrichen und am Rand einmal unterstrichen.
Fälschlich aus anderer Schrift gesetzte Buchstaben werden am Rand zweimal unterstrichen.
Verschmutzte Buchstaben und zu stark erscheinende Stellen werden umringelt.

/ e

/ a

Neu zu setzende Zeilen. Zeilen mit porösen oder beschädigten Stellen erhalten einen waagrechten Strich. Ist eine solche Stelle nicht mehr lesbar, wird sie durchgestrichen und ~~deutlich~~ an den Rand geschrieben.

⊢————————⊣ deutlich

6. Wird nach **Streichung eines Bindestriches oder Buchstabens** die Getrennt- oder Zusammenschreibung der verbleibende Teile zweifelhaft, so ist wie folgt zu verfahren:

Beispiele:
    Ein hell-gelbes Kleid,
    das Kleid ist leuchtend-gelb.
    la cou-ronne

7. Ligaturen (Buchstabenverbindungen) werden verlangt, indem man die fälschlich einzeln gesetzten Buchstaben durchstreicht und am Rand mit einem darunter befindliche Bogen wiederholt.

Fälschlich gesetzte Ligaturen werden durchgestrichen, am Rand wiederholt und durch einen Strich getrennt.

Beispiel: Auflage

8. Verstellte Buchstaben werdne durchgestrichen und am Rand richtig angebegen.

Verstellte Wörter werden ⌐das⌐durch⌐ Umstellungszeichen berichtigt.

  5   6   4   1   2   3   7
Die Wörter werden bei größeren Umstellungen beziffert.

Verstellte Zahlen sind immer ganz durchzustreichen und in der richtigen Ziffernfolge an den Rand zu schreiben.

Beispiel:
    1694

9. Fehlende Wörter sind in der Lücke durch Winkelzeichen kenntlich zu machen und am anzugeben.

Bei größeren Auslassungen wird auf die Manuskriptseite verwiesen. Die Stelle ist auf dem Manuskript zu markieren.

Beispiel:
    Die Erfindung Gutenbergs ist Entwicklung.

10. Falsche Trennungen werden am Zeilenschluss und am folgenden Zeilenanfang angezeichnet.

74

11. Fehlender Wortzwischenraum wird durch⌐ , zu enger Zwischenraum durch⌐, zu weiter Zwischraum durch ⌐ angezeichnet.

Beispiel:
Soweit du gehst, die Füße⌐laufen mit.

Ein Doppelbogen gibt an, dass der Zwischenraum ganz weg fallen soll.

12. Andere Schrift wird verlangt, indem man die betreffende Stelle unterstreicht und die gewünschte Schrift am Rand vermerkt.

13. Die Sperrung oder Aufhebung einer Sperrung wird – wie beim Verlangen einer anderen Schrift – durch Unterstreichen angezeichnet.

14. Nicht Linie haltende Stellen werden durch parallele Striche angezeichnet.

15. Unerwünscht mitdruckende Stellen (z. B. Spieße) werden unterstrichen ↕ und am Rand mit Doppelkreuz angezeichnet.

16. Ein Absatz wird durch das Zeichen _⌐ im Text und am Rand verlangt.

Beispiel:
Die ältesten Drucke sind so gleichmäßig schön ausgeführt, dass sie die schönste Handschrift übertreffen. Die älteste Druckerpresse scheint von der, die uns Jost Amman im Jahre 1568 im Bilde vorführt, nicht wesentlich verschieden gewesen zu sein.

17. Das Anhängen eines Absatzes wird durch eine verbindende Schleife verlangt.

Beispiel:
Diese Presse bestand aus zwei Säulen, die durch ein Gesims verbunden waren.)
(In halber Mannshöhe war auf einem verschiebbaren Karren die Druckform befestigt.

⌐ ⌐ ⌐

⌒

_____ *kursiv* ∟ *halbfett*
_____ *Grundschrift*

_____ *sperren*
_____ *nicht sperren*

_____
═════
_____

#

_⌐

⌐

18. Zu tilgender oder zu verringernder Einzug erhält
das Zeichen ├─── .

Beispiel:

├─── Das Auge an die Beurteilung guter Verhältnisse
zu gewöhnen, erfordert jahrelange Übung.

19. Fehlender oder zu erweitender Einzug erhält das
Zeichen └┐ .

Beispiel:

Der Einzug bleibt im ganzen Buch gleich groß, auch
wenn einzelne Absätze oder Anmerkungen in kleinerem
Schriftgrad gesetzt sind.

20. Verstellte (versteckte) Zeilen werden mit waagrechten Randstrichen versehen und in der richtigen Reihenfolge nummeriert.

Beispiel:

Sah ein Knab' ein Röslein stehn, ────── 1
lief er schnell, es nah zu sehn, ────── 4
war so jung und morgenschön, ────── 3
Röslein auf der Heiden, ────── 2
sah's mit vielen Freuden.   Goethe. ────── 5

21. Fehlender Durchschuss wird durch einen zwischen
die Zeilen gezogenen Strich mit nach außen offenem
Bogen angezeichnet.

Zu großer Durchschuss wird durch einen zwischen die
Zeilen gezogenen Strich mit einem nach innen offenem
Bogen angezeichnet.

22. Erklärende Vermerke zu einer Korrektur sind durch
Doppelklammer zu kennzeichnen.

Beispiel:

Die Vorstufen der Buchstabenschriften waren die Bil-
derschriften. Alphabet als der Stammutter aller abend-
ländischen Schriften schufen die Griechen.

⌐ ((hier fehlt
Ms. – Anschluss))

23. Für unleserliche oder zweifelhafte Manuskriptstellen, die noch nicht blockiert sind, wird vom Korrektor eine Blockade verlangt (▭✕).

Beispiel:

~~Hyladen~~ sind Insekten mit unbeweglichem Prothorax (s. S. ⊢).

⊢ ▭✕

⊢ ▭✕

24. Irrtümlich Angezeichnetes wird unterpunktiert. Die Korrektur ~~am~~ Rand ist durchzustreichen.

⊢ *auf dem*

7 Literaturverzeichnis

[1]   DIN 461   Graphische Darstellung in Koordinatensystemen

[2]   DIN 476-1   Schreibpapier für bestimmte Gruppen von Drucksachen –
      Teil 1: Endformate A- und B-Reihen

[3]   DIN 676   Geschäftsbrief – Einzelvordrucke und Endlosvordrucke

[4]   DIN 678-1   Briefhüllen – Formate

[5]   DIN 680   Fensterbriefhüllen – Formate und Fensterstellung

[6]   DIN 821-1   Schriftgutbehälter – Abheftlöcher für Schriftgut – Maße und An-
      ordnung

[7]   DIN 1303   Vektoren, Matrizen, Tensoren – Zeichen und Begriffe

[8]   DIN 1304-1   Formelzeichen – Allgemeine Formelzeichen

[9]   DIN 1338   Formelschreibweise und Formelsatz

[10] DIN 1421   Gliederung und Benummerung in Texten – Abschnitte, Absätze,
      Aufzählungen

[11] DIN 5008   Schreib- und Gestaltungsregeln für die Textverarbeitung

[12] DIN 5009   Diktierregeln

[13] DIN 5483-3   Zeitabhängige Größen – Komplexe Darstellung sinusförmig
      zeitabhängiger Größen

[14] DIN 16511   Korrekturzeichen

[15] DIN 19260   pH-Messung – Allgemeine Begriffe

[16] DIN EN 23166   Codes für Ländernamen (ISO 3166:1993)

[17] DIN EN 24217   Codes für Währungen und Zahlungsmittel (ISO 4217:1990)

[18] DIN EN 28601   Datenelemente und Austauschformate – Informationsaus-
      tausch – Darstellung von Datum und Uhrzeit (ISO 8601, 1. Ausgabe 1988, und
      Technical Corrigendum 1:1991)

[19] ISO 11180:1993   Postal addressing

[20] Duden Band 1 Die deutsche Rechtschreibung; 21. Auflage, 1996;
      ISBN 3-411-04011-4

Anhang A: Abkürzungen

Die nachstehende Liste ist eine Auswahl von Abkürzungen, die in der täglichen Praxis häufig vorkommen. Abkürzungen sollen sparsam eingesetzt werden. Gesetzlich festgelegte Buchstabenabkürzungen sind nur in der vom Gesetzgeber bestimmten Form zu verwenden. Andere Abkürzungen folgen den Regeln der deutschen Rechtschreibung.

Abkürzungen von Ländernamen siehe Anhang B.

Allgemeine Abkürzungen

Abs.	Absatz, Absender	i. A.	im Auftrag
Abschn.	Abschnitt	i. Allg.	im Allgemeinen
Abt.	Abteilung	i. R.	im Ruhestand
a. D.	außer Dienst	ISBN	Internationale Standard-buchnummer
Adr.	Adresse	i. V.	in Vollmacht, in Vertretung
allg.	allgemein	Jg.	Jahrgang
Anh.	Anhang	Jgg.	Jahrgänge
Anm.	Anmerkung	Jh.	Jahrhundert
ao.; a. o.	außerordentlich	jun.	junior (in Verbindung mit Familiennamen, im Gegensatz zu sen.)
Art.	Artikel		
Bd.	Band		
Bez.	Bezirk	lfd.	laufend
BLZ	Bankleitzahl	Kap.	Kapitel
bezgl.	bezüglich	Kfz	Kraftfahrzeug
bzw.	beziehungsweise	Lkw; LKW	Lastkraftwagen
ca.	zirka	Nr.	Nummer
dgl.	dergleichen	o. Ä.	oder Ähnliches
d. h.	das heißt	p. A.	per Adresse
d. J.	dieses Jahr	PC	Personal Computer
d. M.	dieser Monat	Pkw; PKW	Personenkraftwagen
Dion	Direktion	PLZ	Postleitzahl
DVR	Datenverarbeitungsregister	pp.; ppa.	per procura
dzt.	derzeit	PR	Public Relations
EDV	Elektronische Datenver-arbeitung	prov.	provisorisch
		röm.-kath.	römisch-katholisch
ev.	evangelisch	sen.	senior (in Verbindung mit Familiennamen, im Gegensatz zu jun.)
evtl.	eventuell		
EKD	Evangelische Kirche Deutschlands	Tfx	Fax, Telefax
f.	(die) folgende (Seite)	TV	Textverarbeitung, Television
ff.	(die) folgende(n) Seite(n)		
gem.	gemäß	u.	und
Hbf.	Hauptbahnhof	u. a.	und and(e)re, und and(e)res, unter and(e)rem, unter and(e)ren
h. c.	honoris causa (ehrenhalber)		
Hi-Fi	High-Fidelity (hohe Wiedergabetreue)	u. a. m.	und and(e)res mehr
		u. Ä.	und Ähnliche(s)

u. d. ä.	und dem ähnliche(s)	Univ.-Doz.	Universitätsdozent
u. A. w. g.	um Antwort wird gebeten	Univ.-Prof.	Universitätsprofessor
u. dgl. (m.)	und dergleichen (mehr)	Vors.	Vorsitzende(r)
u. desgl. (m)	und desgleichen (mehr)		
usf.	und so fort		
usw.	und so weiter		
v.	vom, von		
v. H.	vom Hundert		
v. T.	vom Tausend		
Z.	Zahl, Ziffer		
z. B.	zum Beispiel		
z. H., z. Hd.	zuhanden, zu Händen		
z. T.	zum Teil		
z. Z.	zur Zeit		

Gesetze, Verordnungen, Kundma-chungen, Abgaben-(Steuer-)Arten

BAföG	Bundesausbildungsför-derungsgesetz
BGBl.	Bundesgesetzblatt
ESt.	Einkommensteuer
EStG.	Einkommensteuergesetz
ErbSt.	Erbschaftssteuer
ErbStG.	Erbschaftssteuergesetz
GewO	Gewerbeordnung
GewSt.	Gewerbesteuer
GewStG.	Gewerbesteuergesetz
GG	Grundgesetz
GrSt.	Grundsteuer
GrStG.	Grundsteuergesetz
GrESt.	Grunderwerbsteuer
GrEStG.	Grunderwerbsteuergesetz
HGB	Handelsgestzbuch
KSt.	Körperschaftssteuer
KStG.	Körperschaftssteuergesetz
KraftStG.	Kraftfahrzeugsteuergesetz
MinöStG.	Mineralölsteuergesetz
StÄndG	Steueränderungs-Gesetz
USt.	Umsatzsteuer
UStG	Umsatzsteuergesetz
VSt.	Vermögensteuer
VStG.	Vermögenssteuergesetz
ZPO	Zivilprozessordnung

Akademische Grade, Amts- und Berufstitel, Ehrentitel, Funktions-bezeichnungen

Bgm.	Bürgermeister
Dipl.-Chem.	Diplomchemiker
Dipl.-Gwl.	Diplomgewerbelehrer
Dipl.-Hdl.	Diplomhandelslehrer
Dipl.-Holzw.	Diplomholzwirt
Dipl.-Ing.	Diplomingenieur
Dipl.-Ing. FH	Diplomingenieur Fachhoch-schule
Dipl.-Ing. TU	Diplomingenieur Technische Universität
Dipl.-Kfm.	Diplomkaufmann
Dipl.-Ldw.	Diplomlandwirt
Dipl.-Phys.	Diplomphysiker
Dipl.-Volksw.	Diplomvolkswirt
Doz.	Dozent
Dr.	Doktor
Dr.-Ing.	Doktoringenieur
DDr.	Doktor Doktor
Hon.-Prof.	Honorarprofessor
Ing.	Ingenieur
Mag.	Magister
Mgr., Msgr.	Monsignore
Präs.	Präsident
Prof.	Professor
Prok.	Prokurist
Reg.-Rat	Regierungsrat
Univ.-Ass.	Universitätsassistent

Rechtsformen von Unternehmungen

AG	Aktiengesellschaft
BGB-Gesell-schaft	Gesellschaft des Bürger-lichen Rechts
Co.	Compagnie, Kompanie
GmbH	Gesellschaft mit beschränk-ter Haftung
KEG	Kommanditerwerbsgesell-schaft
KG	Kommanditgesellschaft
KGaA	Kommanditgesellschaft auf Aktien

| OEG | Offene Erwerbsgesellschaft | VVaG | Versicherungsverein auf Gegenseitigkeit |
| OHG | Offene Handelsgesellschaft | | |

Raum für Eintragungen eigener Abkürzungen:

Anhang B: Codes für Ländernamen

Die Tabelle B.1 stellt einen Auszug aus DIN EN 23166 Codes für Ländernamen (ISO 3166:1993) dar.

Tabelle B.1

Einheit (Kurzbezeichnung)	Zwei-Buchstaben-Code	Drei-Buchstaben-Code	Einheit (Kurzbezeichnung)	Zwei-Buchstaben-Code	Drei-Buchstaben-Code
ALBANIEN	AL	ALB	LETTLAND	LV	LVA
ANDORRA	AD	AND	LIECHTENSTEIN	LI	LIE
AUSTRALIEN	AU	AUS	LITAUEN	LT	LTU
BELGIEN	BE	BEL	LUXEMBURG	LU	LUX
BOSNIEN-HERZEGOWINA	BA	BIH	MALTA	MT	MLT
BULGARIEN	BG	BGR	MOLDAU, REPUBLIK	MD	MDA
DÄNEMARK	DK	DNK	MONACO	MC	MCO
DEUTSCHLAND	DE	DEU	NIEDERLANDE	NL	NLD
ESTLAND	EE	EST	NORWEGEN	NO	NOR
FINNLAND	FI	FIN	ÖSTERREICH	AT	AUT
FRANKREICH	FR	FRA	POLEN	PL	POL
GIBRALTAR	GI	GIB	PORTUGAL	PT	PRT
GRIECHENLAND	GR	GRC	RUMÄNIEN	RO	ROM
GRÖNLAND	GL	GRL	RUSSISCHE FÖDERATION	RU	RUS
IRLAND	IE	IRL	SAN MARINO	SM	SMR
ISLAND	IS	ISL	SCHWEDEN	SE	SWE
ITALIEN	IT	ITA	SCHWEIZ	CH	CHE
JAPAN	JP	JPN	SLOWAKEI	SK	SVK
JUGOSLAWIEN	YU	YUG	SLOWENIEN	SI	SVN
KANADA	CA	CAN	SPANIEN	ES	ESP
KROATIEN	HR	HRV			

(fortgesetzt)

Tabelle B.1 (Abschluss)

Einheit (Kurzbezeichnung)	Zwei-Buchstaben-Code	Drei-Buchstaben-Code
TSCHECHISCHE REPUBLIK	**CZ**	CZE
TÜRKEI	**TR**	TUR
UKRAINE	**UA**	UKR
UNGARN	**HU**	HUN

Einheit (Kurzbezeichnung)	Zwei-Buchstaben-Code	Drei-Buchstaben-Code
VATIKANSTADT	**VA**	VAT
VEREINIGTE STAATEN	**US**	USA
VEREINIGTES KÖNIGREICH	**GB**	GBR
ZYPERN	**CY**	CYP

In Tabelle B.2 werden die internationalen Unterscheidungszeichen für Kraftfahrzeuge dargestellt. Im Gegensatz zu den Ländercodes nach DIN EN 23166 haben diese Zeichen eine unterschiedliche Buchstabenlänge (ein- bis dreistellig). Diese Zeichen werden für die Angabe ausländischer Postleitzahlen verwendet.

Tabelle B.2

Einheit (Kurzbezeichnung)	Kfz-UZ	Einheit (Kurzbezeichnung)	Kfz-UZ
ALBANIEN	AL	JAPAN	J
ANDORRA	AND	JUGOSLAWIEN	YU
AUSTRALIEN	AUS	KANADA	CDN
BELGIEN	B	KROATIEN	HR
BOSNIEN-HERZEGOWINA	BIH	LETTLAND	LV
BULGARIEN	BG	LIECHTENSTEIN	FL
DÄNEMARK	DK	LITAUEN	LT
DEUTSCHLAND	D	LUXEMBURG	L
ESTLAND	EST	MALTA	M
FINNLAND	FIN	MOLDAU, REPUBLIK	MD
FRANKREICH	F	MONACO	MC
GIBRALTAR	GBZ	NIEDERLANDE	NL
GRIECHENLAND	GR	NORWEGEN	N
GRÖNLAND	GL	ÖSTERREICH	A
IRLAND	IRL	POLEN	PL
ISLAND	IS	PORTUGAL	P
ITALIEN	I	RUMÄNIEN	RO

(fortgesetzt)

Tabelle B.2 (Abschluss)

Einheit (Kurzbezeichnung)	Kfz-UZ
RUSSISCHE FÖDERATION	RUS
SAN MARINO	RSM
SCHWEDEN	S
SCHWEIZ	CH
SLOWAKEI	SK
SLOWENIEN	SLO
SPANIEN	E
TSCHECHISCHE REPUBLIK	CZ

Einheit (Kurzbezeichnung)	Kfz-UZ
TÜRKEI	TR
UKRAINE	UA
UNGARN	H
VATIKANSTADT	V
VEREINIGTE STAATEN	USA
VEREINIGTES KÖNIGREICH	GB
ZYPERN	CY

Anhang C: Codes für Währungen und Zahlungsmittel

Die Tabelle C.1 stellt einen Auszug aus der ÖNORM EN 24217 Codes für Währungen und Zahlungsmittel (ISO 4217:1990) dar.

Die ersten zwei Buchstaben des Währungscodes stellen einen Code dar, der ausschließlich für die Währungsbehörde gilt, der er zugeordnet wird. Wann immer möglich, wird dieser Code aus dem geographischen Standort der Währungsbehörde, siehe Tabelle B.1, abgeleitet.

Bei dem dritten Buchstaben des alphabetischen Codes handelt es sich um ein – vorzugsweise mnemonisches – Zeichen, das aus dem Namen der Hauptwährungseinheit oder des Zahlungsmittels abgeleitet wird.

Tabelle C.1

Einheit (Kurzbezeichnung)	Währung	Code
ALBANIEN	Lek	ALL
ANDORRA	Spanische Peseta	ESP
	Französischer Franc	FRF
	Andorra Peseta	ADP
AUSTRALIEN	Australischer Dollar	AUD
BELGIEN	Belgischer Franc	BEF
BOSNIEN-HERZEGOWINA	(z. Z. unbekannt)	BIH
BULGARIEN	LEW	BGL
DÄNEMARK	Dänische Krone	DKK
DEUTSCHLAND	Deutsche Mark	DEM
ESTLAND	Estnische Krone	EEK
Europäischer Fond für währungspolitische Zusammenarbeit (E.M.C.F.)	Europäische Währungseinheit (EURO)	XEU
FINNLAND	Finnmark	FIM
FRANKREICH	Französischer Franc	FRF
GIBRALTAR	Gibraltar-Pfund	GIP
GRIECHENLAND	Drachme	GRD
GRÖNLAND	Dänische Krone	DKK
Internationaler Währungsfond (I.M.F.)	SDR	XDR
IRLAND	Irisches Pfund	IEP
ISLAND	Isländische Krone	ISK
ITALIEN	Italienische Lira	ITL

(fortgesetzt)

Tabelle C.1 (Fortsetzung)

Einheit (Kurzbezeichnung)	Währung	Code
JAPAN	Yen	JPY
JUGOSLAWIEN	Jugoslawischer Dinar	YUN
KANADA	Kanadischer Dollar	CAD
KROATIEN	Kroatischer Dinar	HRD
LETTLAND	Lettischer Lats	LVL
LIECHTENSTEIN	Schweizer Franken	CHF
LITAUEN	Litauischer Litas	LTL
LUXEMBURG	Luxemburgischer Franc	LUF
MALTA	Maltesische Lira	MTL
MOLDAU, REPUBLIK	Rubel	RUR
MONACO	Französischer Franc	FRF
NIEDERLANDE	Holländischer Gulden	NLG
NORWEGEN	Norwegische Krone	NOK
ÖSTERREICH	Schilling	ATS
POLEN	Zloty	PLZ
PORTUGAL	Escudo	PTE
RUMÄNIEN	Leu	ROL
RUSSISCHE FÖDERATION	Rubel	RUR
SAN MARINO	Italienische Lira	ITL
SCHWEDEN	Schwedische Krone	SEK
SCHWEIZ	Schweizer Franken	CHF
SLOWAKEI	Slowakische Krone	SKK
SLOWENIEN	Tolar	SIT
SPANIEN	Peseta (Konvertible Peseta-Konten)	ESP ESB
TSCHECHISCHE REPUBLIK	Tschechische Krone	CZK
TÜRKEI	Türkische Lira	TRL
UKRAINE	Kabovarent	UAK
UNGARN	Forint	HUF
VATIKANSTADT	Italienische Lira	ITL

(fortgesetzt)

Tabelle C.1 (Abschluss)

Einheit (Kurzbezeichnung)	Währung	Code
VEREINIGTE STAATEN	US-Dollar	USD
	(gleicher Tag)	USS
	(nächster Tag)	USN
VEREINIGTES KÖNIGREICH	Pfund Sterling	GBP
ZYPERN	Zypern-Pfund	CYP

Anhang D: Darstellung von Datum und Tageszeit (Uhrzeit)

Der vorliegende Anhang ist ein stark gekürzter Auszug aus DIN EN 28601, erweitert um die alphanumerische Darstellung des Datums.

D.1 Numerische und alphanumerische Darstellung

Einzelne Datums- und/oder Zeitangaben in deutschsprachigen fortlaufenden Texten sollten in Übereinstimmung mit der üblichen Sprechweise alphanumerisch dargestellt werden, d. h. unter Ausschreibung oder allenfalls Abkürzung der Monatsnamen bzw. Anfügung des Wortes „Uhr". Dies gilt insbesondere im inländischen Verkehr sowie im bürgernahen Schriftverkehr.

Die numerische Darstellung (ohne Verwendung von Wörtern) sollte insbesondere angewandt werden:

a) in Schriftstücken, die für das fremdsprachige Ausland bestimmt sind,

b) in Statistiken und tabellarischen Aufstellungen,

c) bei Platzmangel,

d) wenn der Zahlenwert einer Datums- und/oder Zeitangabe im Vordergrund steht oder mit solchen Angaben gerechnet werden soll,

e) im Rahmen des Datenaustausches,

f) für die automatisationsunterstützte Weiterverarbeitung von Datums- und/oder Zeitangaben.

Rein numerisch dargestellte Datums- und/oder Zeitangaben, die in einen deutschsprachigen fortlaufenden Text eingebunden sind, können ausgesprochen werden, als ob sie alphanumerisch dargestellt wären.

D.2 Numerische Darstellung

D.2.1 Grundlagen

D.2.1.1 Verfahren

Gemäß DIN EN 28601 wird ein Zeitpunkt des Gregorianischen Kalenders, d. h. ein Datum und/oder eine Tageszeit durch eine einzige Zeichenfolge dargestellt. Diese Zeichenfolge besteht aus Elementen, die in absteigender Ordnung aufeinander folgen, d. h., dass die durch die Elemente dargestellten Zeitspannen immer kürzer werden.

D.2.1.1.1 Elemente zur Darstellung eines Zeitpunktes

Jedes Element besteht aus einer bestimmten Anzahl von arabischen Ziffern. Diese Anzahlen sind verbindlich und allenfalls durch Vorsetzen einer oder mehrerer Nullen herzustellen.

D.2.1.1.1.1 Elemente des Datums

Name des Elements		Anzahl der Ziffern	Wertebereich	Anmerkung, Beispiele
	Jahr	4	–	1985, 0976, 0083
Monat im Jahr:	Monat	2	01 bis 12	–
Woche im Jahr:	Woche	2	01 bis 53	(siehe D.2.2.3)
Tag im Jahr:	Ordinaltag	3	001 bis 366	366 nur in Schaltjahren
Tag im Monat:	Monatstag	2	01 bis 31	unterschiedlich je nach Monat
Tag in der Woche:	Wochentag	1	1 bis 7	–

Die Wochentage werden von Montag bis Sonntag mit eins bis sieben durchnummeriert.

D.2.1.1.1.2 Elemente der Tageszeit (Uhrzeit)

Name des Elements	Anzahl der Ziffern	Wertebereich	Anmerkung, Beispiele
Stunde	2	00 bis 24	auch
Minute	2	00 bis 59	Dezimalbruch
Sekunde	2	00 bis 59	möglich

D.2.1.1.2 Formate (Schreibweise)

1. Basisformat: die Elemente folgen ohne jede Trennung unmittelbar aufeinander.
2. Erweitertes Format: zwischen die Elemente werden Trennzeichen gesetzt, und zwar
   - Mittestriche (-) zwischen die Elemente des Datums,
   - Doppelpunkte (:) zwischen die Elemente der Tageszeit.

Leerzeichen oder sonstige (z. B. typographische) Zwischenräume sind als Trennzeichen unzulässig.

ANMERKUNG: Dem erweiterten Format sollte der Vorzug gegeben werden.

D.2.2 Datum

Den folgenden Beispielen liegt einheitlich das Datum Freitag, 12. April 1985 zugrunde.

D.2.2.1 Kalenderdatum

Das Kalenderdatum in numerischer Darstellung besteht aus den Elementen „Jahr", „Monat" und „Monatstag" in dieser Reihenfolge.

Beispiel:	Basisformat	Erweitertes Format
	19850412	1985-04-12

D.2.2.2 Ordinaldatum

Das Ordinaldatum besteht aus den Elementen „Jahr" und „Ordinaltag" („laufender Tag"). Die Ordinaltage innerhalb eines Kalenderjahres werden fortlaufend nummeriert, wobei der 1. Januar mit 001 bezeichnet wird.

D.2.2.3 Datum mit Wochennummer

Das Datum mit Wochennummer besteht aus den Elementen „Jahr", „Woche" und „Wochentag". Dem Element „Woche" ist als Kennung der Großbuchstabe W ohne Zwischenraum vorzusetzen. Innerhalb eines Kalenderjahres werden die Wochen fortlaufend nummeriert.

Beispiel:	Basisformat	Erweitertes Format
	1985W155	1985-W15-5

Die erste Woche des Jahres besteht aus mindestens 4 Tagen. Sie ist jene Woche, die sowohl den ersten Donnerstag des Jahres als auch den 4. Januar enthält.

Beispiel: Fällt der 1. Januar auf einen Freitag, dann beginnt die Woche 01 des neuen Jahres am Montag, dem 4. Januar, während der 1. bis 3. Januar noch zur letzten Woche des abgelaufenen Jahres (das ist dessen Woche 52 oder 53) gehören.

D.2.3 Tageszeit (Uhrzeit)

Den folgenden Beispielen liegt einheitlich die Tageszeit 23 Uhr 20 Minuten und 50,5 Sekunden zugrunde.

D.2.3.1 Ortszeit (Zonenzeit)

Die Tageszeit wird mit den Elementen „Stunde", „Minute" und „Sekunde" dargestellt.

Der Darstellung der Tageszeit ist als Kennung der Großbuchstabe T ohne Zwischenraum vorzusetzen, wenn sie mit einer Datumsdarstellung kombiniert ist (siehe auch D.2.4).

Sekunden können auch als Dezimalbruch der Minuten sowie Minuten und Sekunden gemeinsam auch als Dezimalbruch der Stunden dargestellt werden. Als Dezimalzeichen ist der Beistrich (,) zu verwenden.

Beispiel:	Basisformat	Erweitertes Format
	T232050,5	23:20:50,5
	T2320,9	23:20,9
	T23,3	nicht anwendbar

In allen Fällen, in denen der Verwendungszweck keine andere Darstellungsform erfordert, sollte die Darstellung der Tageszeit mit den Elementen „Stunde" und „Minute" ohne Verwendung von Dezimalbrüchen erfolgen (siehe auch D.2.5), und zwar auch bei vollen Stunden.

Beispiel:	Basisformat	Erweitertes Format
	T2320	23:20
	T2300	23:00

Mitternacht ist als 00:00 (Beginnzeitpunkt) oder 24:00 (Endzeitpunkt) darzustellen. Bei Kombination mit einem Datum (siehe D.2.4) ist zu beachten, dass die Zeitangabe 24:00 eines bestimmten Tages gleichbedeutend ist mit der Angabe 00:00 des nächstfolgenden Tages.

ANMERKUNG: DIN EN 28601 sieht die Möglichkeit vor, die Kennung T unter bestimmten Voraussetzungen auch beim Basisformat wegzulassen. Wegen der Verwechslungsgefahr mit einer Datumsangabe – beispielsweise könnte die Zeichenfolge „1938" sowohl eine Jahreszahl darstellen als auch die Tageszeit 38 Minuten nach 19 Uhr – wird jedoch davon abgeraten, von dieser Vereinfachungsmöglichkeit Gebrauch zu machen.

D.2.3.2 Koordinierte Weltzeit (UTC)

Die Darstellung der Tageszeit in der auf den 0. Längengrad bezogenen koordinierten Weltzeit (UTC) hat gemäß D.2.3.1 zu erfolgen, wobei jedoch der jeweils letzten Ziffer der Darstellung der Großbuchstabe Z ohne Zwischenraum anzufügen ist.

Beispiel:	Basisformat	Erweitertes Format
	T232050,5Z	23:20:50,5Z
	T2320Z	23:20Z

ANMERKUNG: DIN EN 28601 regelt darüber hinaus auch die Darstellung von Zeitdifferenzen zwischen Ortszeit (Zonenzeit) und UTC.

D.2.4 Kombination von Datum und Tageszeit

Jeder beliebige Zeitpunkt kann durch die Kombination von Datums- und Tageszeitangabe mit beliebiger Genauigkeit mit einer einzigen zusammenhängenden Zeichenfolge dargestellt werden. Dabei wird die Darstellung der Tageszeit nach D.2.3 ohne Zwischenraum an eine beliebige der drei Darstellungsarten des Datums nach D.2.2 angefügt. Der den Beginn der Tageszeit kennzeichnende Großbuchstabe T ist in diesem Fall zwingend erforderlich.

Beispiel:	Basisformat	Erweitertes Format
	19850412T232050,5	1985-04-12T23:20:50,5

D.2.5 Gekürzte Darstellungen

Die Darstellung eines Zeitpunktes kann in Anpassung an die jeweils erforderliche Genauigkeit durch Weglassen der nicht benötigten Elemente mit geringerem Stellenwert und/oder der Dezimalbrüche gekürzt werden. Eine Zeitangabe kann auch auf die Tageszeit allein beschränkt werden.

Beispiele	Basisformat	Erweitertes Format
1) mit Kalenderdatum	19850412T232050	1985-04-12T23:20:50
	19850412T2320	1985-04-12T23:20
	19850412T23	1985-04-12T23
	19850412	1985-04-12
	198504	1985-04
	1985	nicht anwendbar
2) mit Ordinaldatum	1985102T232050	1985-102T23:20:50
	1985102T2320	1985-102T23:20
	1985102T23	1985-102T23
	1985102	1985-102
3) mit Wochennummer	1985W155T232050	1985-W15-5T23:20:50
	1985W155T2320	1985-W15-5T23:20
	1985W155T23	1985-W15-5T23
	1985W155	1985-W15-5
	1985W15	1985-W15
4) nur Tageszeit	T232050	23:20:50
	T2320	23:20
	T23	nicht anwendbar

ANMERKUNG: DIN EN 28601 regelt darüber hinaus auch die Möglichkeit, in bestimmten Anwendungsfällen nicht benötigte Elemente oder Elementteile mit höherem Stellenwert wegzulassen. Um Missverständnisse zu vermeiden, wird jedoch empfohlen, die Jahreszahl **immer** vierstellig anzugeben.

D.3 Alphanumerische Darstellung

D.3.1 Kalenderdatum

Das Kalenderdatum in alphanumerischer Darstellung besteht aus den Elementen „Kalendertag", „Monatsname" und „Jahreszahl" in dieser Reihenfolge.

D.3.1.1 Elemente
D.3.1.1.1 Kalendertag

Der Kalendertag wird in arabischen Ziffern durch die Ordnungszahlen 1. bis 31. dargestellt.

D.3.1.1.2 Monatsname

Der Monatsname kann ausgeschrieben (Langform) oder wie folgt auf 4 Stellen (Kurzform) einschließlich Abkürzungspunkt – wo sinnvoll – abgekürzt werden.

Langform		Kurzform	
Januar	Juli	Jan.	Jul./Juli
Februar	August	Feb.	Aug.
März	September	Mär./März	Sep.
April	Oktober	Apr.	Okt.
Mai	November	Mai	Nov.
Juni	Dezember	Jun./Juni	Dez.

D.3.1.1.3 Jahreszahl

Die Jahreszahl ist einschließlich Jahrtausend und Jahrhundert anzugeben.

D.3.1.2 Wochentag

Dem Datum kann der Name des Wochentages vorangehen.

D.3.1.3 Beispiele

Kalenderdatum	
– in Langform:	12. April 1985
– in Kurzform:	12. Apr. 1985
– mit Wochentag:	Freitag, 12. April 1985

D.3.2 Tageszeit (Uhrzeit)

Die Tageszeit (Uhrzeit) besteht aus den Elementen „Stunde", „Minute" und „Sekunde" in dieser Reihenfolge.

Diese Elemente sind durch Doppelpunkte zu trennen, und das Wort „Uhr" wird mit einem Zwischenraum angefügt.

Die Ausführungen in D.2.3.1 gelten sinngemäß.

Beispiele:	23:20:50 Uhr
	23:20 Uhr
	23:00 Uhr

Stichwortverzeichnis

„Are you at a loss for words – Ihnen fehlen die Worte?"

Das vorliegende Büchlein hilft aus der Patsche. Die gesammelten Redewendungen spiegeln – kurz und gut – den allgemeinen Sprachgebrauch auf internationalen Konferenzen und Veranstaltungen wider. Beuth-Pocket **Konferenz-Englisch**
• immer der treffende Ausdruck
• vielfältig einsetzbar
• eine willkommene Hilfe beim Small talk
• handlich und absolut sitzungstauglich
„You 've got the floor – Sie haben das Wort."

Beuth-Pocket
H. Mühlbauer
Konferenz-Englisch
Stichwörter und Wendungen für englischsprachige Sitzungen
1997. 40 S. A6. Geheftet
9,80 DEM / 72,– ATS / 9,– CHF
ISBN 3-410-13849-8

Beuth Berlin · Wien · Zürich

Beuth Verlag GmbH
10772 Berlin
Telefon (0 30) 26 01 - 22 60
Telefax (0 30) 26 01 - 12 60
http://www.din.de/beuth